Castelo interior ou
Moradas

Dados Internacionais de Catalogação na Publicação (CIP)
(Câmara Brasileira do Livro, SP, Brasil)

Ávila, Teresa de, 1515-1582
  Castelo interior ou moradas / Teresa de Ávila ; traduzido pelas Carmelitas Descalças do Convento de Santa Teresa do Rio de Janeiro. – Petrópolis, RJ : Vozes, 2024.

  Título original: Las moradas

  2ª reimpressão, 2025.

  ISBN 978-85-326-6799-1

  1. Cristianismo 2. Misticismo – Cristianismo 3. Teresa, de Ávila, Santa, 1515-1582 4. Vida espiritual – Cristianismo I. Título.

23-187015   CDD-242

Índices para catálogo sistemático:
1. Vida espiritual : Igreja Católica : Cristianismo   242

Eliane de Freitas Leite – Bibliotecária – CRB 8/8415

Santa Teresa de Jesus

Castelo interior ou **Moradas**

Traduzido pelas Carmelitas Descalças do Convento
de Santa Teresa do Rio de Janeiro

Petrópolis

© 2024, Editora Vozes Ltda.
Rua Frei Luís, 100
25689-900 Petrópolis, RJ
www.vozes.com.br
Brasil

Obras de Santa Teresa de Jesus, traduzidas pelas Carmelitas Descalças do Convento de Santa Teresa do Rio de Janeiro. Tomo IV.

Tradução do texto original segundo a edição crítica do R.P. Frei Silvério de Santa Teresa, Carmelita Descalço, acrescida da numeração de parágrafos conforme estabelecido pelas edições atuais das Obras Completas de Santa Teresa de Jesus.

IMPRIMATUR
Por comissão especial do Exmo. e Revmo.
Sr. Dom Manuel Pedro da Cunha Cintra, bispo de Petrópolis.
Frei Desidério Kalverkamp, OFM
Petrópolis, 11/08/1956

Todos os direitos reservados. Nenhuma parte desta obra poderá ser reproduzida ou transmitida por qualquer forma e/ou quaisquer meios (eletrônico ou mecânico, incluindo fotocópia e gravação) ou arquivada em qualquer sistema ou banco de dados sem permissão escrita da editora.

CONSELHO EDITORIAL

Diretor
Volney J. Berkenbrock

Editores
Aline dos Santos Carneiro
Edrian Josué Pasini
Marilac Loraine Oleniki
Welder Lancieri Marchini

Conselheiros
Elói Dionísio Piva
Francisco Morás
Teobaldo Heidemann
Thiago Alexandre Hayakawa

Secretário executivo
Leonardo A.R.T. dos Santos

PRODUÇÃO EDITORIAL

Anna Catharina Miranda
Eric Parrot
Jailson Scota
Marcelo Telles
Mirela de Oliveira
Natália França
Priscilla A.F. Alves
Rafael de Oliveira
Samuel Rezende
Verônica M. Guedes

Editoração: Israel Vilas Bôas
Diagramação: Editora Vozes
Revisão gráfica: Bianca Guedes
Capa: Rafael Machado

ISBN 978-85-326-6799-1

Este livro foi composto e impresso pela Editora Vozes Ltda.

SUMÁRIO

JHS, 11
O castelo interior, 13

Primeiras moradas, 15

Capítulo 1 17
Em que trata da formosura e dignidade de nossas almas. Faz uma comparação, para explicá-la, e diz quanto é proveitoso entender esta verdade e ter conhecimento das mercês que recebemos de Deus. A porta deste castelo é a oração

Capítulo 2 22
Trata de quão é feia a alma que está em pecado mortal e de como aprouve a Deus dá-lo a entender em parte a uma pessoa. De passagem, fala também acerca do próprio conhecimento. É de proveito, porquanto encerra alguns pontos dignos de nota. Diz como se hão de entender estas moradas

Segundas moradas, 33

Capítulo 1 35
Trata do muito que importa a perseverança para chegar às últimas moradas, e da grande guerra que dá o demônio. Quanto convém, para atingir ao termo, não errar o caminho no princípio. Aconselha um meio de cuja eficácia tem experiência

Terceiras moradas, 43

Capítulo 1 .... **45**
Trata da pouca segurança que pode haver enquanto se vive neste desterro, mesmo para as almas que chegaram a elevado estado, e como convém andar com temor. Há alguns pontos proveitosos

Capítulo 2 .... **51**
Prossegue o mesmo assunto. Trata das securas na oração e de certas coisas que, segundo lhe parece, podem suceder. Como é mister nos provarmos a nós mesmos, e como prova o Senhor os que estão nestas moradas

Quartas moradas, 59

Capítulo 1 .... **61**
Trata da diferença que há entre os contentamentos e ternuras da oração e os gostos. Diz quão feliz se sentiu ao entender que a imaginação e o entendimento são duas coisas diversas. É de proveito para quem muito se distrai na oração

Capítulo 2 .... **68**
Continua a tratar do mesmo assunto. Por meio de uma comparação explica o que são os gostos e diz como os alcançamos sem os ter procurado

Capítulo 3 .... **73**
Em que explica a oração de recolhimento, a qual costuma dar o Senhor antes da sobredita, que é a dos gostos divinos. Diz os efeitos de uma e de outra

Quintas moradas, 83

Capítulo 1 .... **85**
Começa a declarar como na oração se une com Deus a alma. Diz como se conhece não ser engano

Capítulo 2 92
Prossegue a mesma matéria. Por meio de uma comparação delicada explica a oração de união e os efeitos que deixa na alma. É muito de notar

Capítulo 3 99
Continua o mesmo assunto. Trata de outro modo de união que pode alcançar a alma com o favor de Deus, e quanto importa para isto o amor ao próximo. É de grande proveito

Capítulo 4 106
Prossegue o mesmo assunto e declara com mais pormenor este gênero de oração. Trata do quanto importa andar de sobreaviso porque o demônio põe tudo em jogo para fazer a alma voltar atrás no caminho começado

Sextas moradas, 111

Capítulo 1 113
Ao começar o Senhor a fazer maiores mercês, surgem maiores trabalhos. Menciona alguns e relata como neles devem proceder as almas que estão já nesta morada. É bom para as que padecem penas interiores

Capítulo 2 121
Trata de alguns modos pelos quais desperta Nosso Senhor a alma. Parece que nada há que temer nestes favores, embora muito excelsos e elevados

Capítulo 3 125
Trata da mesma matéria e diz os modos pelos quais fala Deus à alma quando assim é servido. Avisa como se há de haver ela nestas circunstâncias, não se guiando pelo próprio parecer. Dá alguns sinais para se conhecer quando há ou não engano. É deveras proveitoso este capítulo

Capítulo 4 134
Trata de quando, na oração, suspende o Senhor a alma em arroubamento, êxtase ou arrebatamento, nomes que lhe parecem designar a mesma coisa, e como é mister grande ânimo para receber altas mercês de Sua Majestade

Capítulo 5 142
Prossegue ao dizer como levanta Deus a alma por uma operação distinta da que fora tratada. É o que se chama voo de espírito. Explica várias causas pelas quais é necessário ter ânimo. Procura declarar, em parte, esta mercê que faz o Senhor de modo muito saboroso. É deveras proveitoso

Capítulo 6 148
Em que diz como a oração explicada no capítulo precedente produz um efeito pelo qual se entende ser graça verdadeira, e não engano. Trata de outra mercê que faz o Senhor à alma com o fim de a mover a seus louvores

Capítulo 7 155
Trata da intensidade do pesar que, de seus pecados, sentem as almas às quais Deus concede as mercês sobreditas. Diz quão grande erro é não se exercitarem, por muito espirituais que sejam, em trazer presente a humanidade de Nosso Senhor e Salvador Jesus Cristo e sua sacratíssima vida e paixão, assim como a sua gloriosa mãe e os santos. É de muito proveito

Capítulo 8 163
Trata de como se comunica Deus à alma por visão intelectual. Dá alguns avisos e relata os efeitos causados por esta visão quando é verdadeira. Aconselha guardar segredo acerca destas mercês

Capítulo 9 169
Trata de como se comunica o Senhor à alma por visão imaginária. Recomenda muito que se guardem de desejar tal caminho. Dá razões para isto. É de muito proveito

Capítulo 10 177
Trata de outras mercês que faz Deus à alma por maneira diferente das sobreditas, como também do grande proveito que operam

Capítulo 11 181
Trata de uns desejos tão grandes e impetuosos que dá Deus à alma, para que dele goze, a ponto de pô-la em perigo de perder a vida. Proveito que redunda desta mercê do Senhor

Sétimas moradas, 187

Capítulo 1 189
Trata das grandes mercês que faz Deus às almas quando chegam a entrar nas sétimas moradas. Relata como, em seu parecer, há alguma diferença entre a alma e o espírito, conquanto sejam a mesma coisa. Há pontos notáveis

Capítulo 2 195
Prossegue no mesmo assunto. Discorre acerca da diferença que existe entre união espiritual e matrimônio espiritual. Explica-o por meio de delicadas comparações

Capítulo 3 201
Trata dos grandes efeitos causados pela oração mencionada. Cumpre considerá-los atenta e cuidadosamente porque é admirável a diferença entre estes e os que são produzidos pelas graças anteriores

Capítulo 4 207
Termina com o relato de qual é, segundo lhe parece, o fim que tem Nosso Senhor em vista ao fazer à alma tão grandes mercês, e como é necessário andarem sempre juntas Marta e Maria. É muito proveitoso

JHS, 215

Apêndices, 217

Apêndice 1 – Relação 24, 219
Apêndice 2 – Relação 51, 220
Apêndice 3 – Relação 15, 221
Apêndice 4 – Relação 35, 222

JHS

Este tratado que tem por título *Castelo interior* foi escrito por Teresa de Jesus, monja de Nossa Senhora do Carmo, para suas irmãs e filhas, as Monjas Carmelitas Descalças[1].

---

1. Estas linhas foram escritas pela própria santa na primeira página das *Moradas*.

O CASTELO INTERIOR

JHS

1. Entre as ordens que da obediência tenho recebido, poucas se me afiguraram tão dificultosas como ter de escrever agora acerca de assuntos de oração; de uma parte porque, segundo me parece, não me dá o Senhor espírito nem impulso para fazê-lo; de outra, por andar há três meses com tanto zunido e fraqueza na cabeça que me custa escrever até para os negócios indispensáveis. Entendendo, porém, que a força da obediência costuma facilitar o que parece impossível; determino-me de muito boa vontade a empreender o trabalho, embora a natureza deveras se aflija. É que não recebi do Senhor tanta virtude que possa pelejar com enfermidades contínuas e múltiplas ocupações sem experimentar grande contradição no interior. Assista-me com sua graça aquele que outras coisas mais difíceis tem feito em meu favor, e em cuja misericórdia confio.

2. Pouco mais saberei dizer, penso, do que em outros escritos que, por obediência, tenho tido ocasião de fazer; e até receio repetir quase as mesmas coisas. Com efeito, assim como os pássaros aos quais se ensina a falar não sabem mais que as palavras que aprendem ou sempre ouvem, e só estas repetem muitas vezes, assim acontece comigo, ao pé da letra. Se aprouver ao Senhor que eu diga alguma coisa nova, Sua Majestade a dará; ou se dignará de trazer-me à memória o que me fez dizer outras vezes, e com isto já me contentaria, pois sou muito pouco lembrada e folgaria de atinar com alguns pontos que, segundo disseram, estavam bem explicados e talvez se tenham perdido. Se nem esta graça me conceder o Senhor, e ainda que

ninguém tire proveito das minhas palavras, ficarei com o lucro de me ter cansado e aumentado minha dor de cabeça por amor da obediência.

3. E, assim, começo a cumpri-la hoje, Festa da Santíssima Trindade do ano de 1577[2], neste Mosteiro de São José do Carmo de Toledo onde ora estou a sujeitar-me, em tudo o que disser, ao parecer dos que me mandam escrever, visto serem pessoas mui doutas. Se alguma coisa não estiver conforme à doutrina da Santa Igreja Católica Romana, será por ignorância, e não por malícia; isto se pode ter por certo. De igual modo, protesto que sempre estou, estive no passado, e estarei, pela bondade de Deus, sujeita à Santa Igreja no futuro. Seja Ele para sempre bendito e glorificado. Amém.

4. Disse-me quem me mandou escrever que estas monjas dos nossos mosteiros de Nossa Senhora do Carmo têm necessidade de quem lhes esclareça algumas dúvidas em matéria de oração, e, visto as mulheres se entenderem melhor umas às outras, e terem-me estas irmãs tanto amor, era de opinião que ninguém lhes poderia fazer tanto bem como eu se acertar a dizer alguma coisa. Por esta causa, julga de alguma importância esta obra. Irei, pois, falar com elas em tudo o que escrever: aliás, seria desatino pensar em fazer bem a outras pessoas. Não pequena mercê me fará Nosso Senhor se a alguma delas servir isto para louvar a ele um pouquinho mais. Bem sabe Sua Majestade que não tenho outra ambição. Deveras claro está que, se me for dado atinar em algum ponto, entenderão todas que não vem de mim; tampouco há motivo para pensar de outro modo, a não ser que tenha alguma tão pouco entendimento como tenho eu habilidade para coisas semelhantes quando o Senhor, por sua misericórdia, não ma concede.

---

2. 2 de junho de 1577.

Primeiras moradas

Nelas há dois capítulos.

CAPÍTULO 1

Em que trata da formosura e dignidade de nossas almas. Faz uma comparação, para explicá-la, e diz quanto é proveitoso entender esta verdade e ter conhecimento das mercês que recebemos de Deus. A porta deste castelo é a oração.

1. Ao hoje suplicar a Nosso Senhor que falasse por mim, porque não achava assunto nem sabia como principiar a cumprir esta ordem, veio-me à ideia o que agora direi, a fim de principiar com algum fundamento. Consideremos nossa alma como um castelo feito de um só diamante ou do mais límpido cristal, onde existem numerosos aposentos, assim como no céu há muitas moradas[3]. De fato, se refletirmos bem, irmãs, veremos que a alma do justo é nada menos que um paraíso onde o Senhor, como Ele mesmo diz, acha suas delícias[4]. Que, então, vos parece? Que tal será o aposento onde se deleita Rei tão poderoso, tão sábio, tão puro, tão rico de todos os bens? Não acho coisa a que se possa comparar a grande formosura de uma alma e sua imensa capacidade. E, em verdade, não devem chegar a bem compreendê-la nossos entendimentos, por agudos que sejam, assim como não podem chegar a compreender a Deus, pois Ele mesmo diz que nos criou à sua imagem e semelhança[5].

E, pois, isto é verdade – e não pode haver dúvida –, não nos cansemos de tentar compreender a formosura deste castelo. Embora haja entre ele e Deus a diferença que vai de criatura

---

3. Na casa do meu Pai há muitas moradas. (Jo 14,2).
4. *Deliciae meae esse cum filiis hominum* (Pr 8,31).
5. *Faciamus hominem ad imaginem et similitudinem nostram* (Gn 1,26).

a Criador – pois, em suma, é coisa criada – basta Sua Majestade afirmar que o fez à sua imagem para podermos imaginar, de longe, a grande dignidade e formosura da alma.

Não pequena lástima e confusão é não nos entendermos a nós mesmos, por nossa culpa, nem sabermos quem somos. Não seria grande ignorância, minhas filhas, se, ao perguntar eu a alguém: Quem é?, não se conhecesse, nem soubesse dizer quem foi seu pai, nem sua mãe, nem a terra em que nasceu? Seria isto mais de animal que de homem![6] Pois bem, é demasiada incomparável a nossa insensatez quando não procuramos conhecer nosso valor, e concentramos toda a atenção no corpo. Só por alto, porque o temos ouvido dizer e porque a fé no-lo ensina, sabemos que a nossa alma existe; mas quantos bens pode haver nesta alma, seu grande valor, e quem nela habita – eis o que raras vezes consideramos. O resultado é que muito pouco lhe procuramos conservar a beleza; todos os desvelos se nos consomem no grosseiro engaste ou cerca deste castelo, que são estes nossos corpos.

2. Consideremos, pois, que tem este castelo, como já disse, muitas moradas: umas, no alto, outras, embaixo, outras, dos lados. No centro, no meio de todas, está a principal, que é onde se passam as coisas mais secretas entre Deus e a alma.

É mister que estejais bem atentas a esta comparação. Quiçá seja Deus servido de que, por meio dela, vos possa eu dar a entender algumas das mercês que se digna o Senhor conceder aos seus queridos, e a diferença que existe entre elas. Isto pretendo explicar até onde me foi dado entender que é possível: pois são tantas que ninguém será capaz de as abranger por completo, e muito menos eu, que sou tão ruim! Quando o Senhor vo-las fizer, sentireis grande consolo ao saber que Ele as pode fazer; e quem as não experimentar terá motivo para o bendizer por sua infinita bondade. Assim como não nos faz mal a consideração da glória do céu e do gozo dos bem-aventurados, antes nos causa alegria e nos estimula a conquistar o que eles gozam – assim tam-

---

6. O original diz: *gran bestialidad*.

bém não nos poderá prejudicar o vermos que, neste desterro, é possível comunicar-se tão grande Deus a diminutos vermes tão asquerosos. Será motivo para nos fazer amar uma bondade tão excessiva, uma misericórdia tão ilimitada. Quem se escandalizar de ouvir que faz Deus tais mercês neste exílio, por certo estará muito desprovido de humildade e amor do próximo. A não ser assim, como não nos alegrarmos de que faça Deus estes favores a um irmão nosso, pois isto não impede que no-los faça também a nós, e que dê Sua Majestade a entender suas grandezas, seja em quem for? Sim, porquanto algumas vezes agirá deste modo só para as manifestar, como declarou a respeito do cego a quem deu vista quando lhe perguntaram os apóstolos se aquela cegueira era por causa dos pecados dele ou pelos de seus pais[7]. E assim acontece fazer o Senhor estes favores a certas almas não por serem umas mais santas que outras, senão para dar a conhecer as grandezas divinas – como, por exemplo, a São Paulo e à Madalena – e para que louvemos a Ele em suas criaturas.

3. Poder-se-á objetar que tais coisas parecem impossíveis, e, portanto, convém não escandalizar os fracos. É menor mal que estes não creiam! Pior seria deixar de esclarecer às almas favorecidas por Deus, as quais ficarão consoladas e estimuladas a amar sempre mais àquele que, detentor de tão grande poder e majestade, usa com elas de tanta misericórdia. Tanto mais que, em meu ver, não haverá este perigo, pois dirijo-me a almas que sabem e creem que Deus dá ainda muito maiores mostras de amor. O que posso afirmar é que nunca o verá por experiência quem se recusar a crer, porque é muito amigo o Senhor de que se não ponha limitação a suas obras. Portanto, irmãs, jamais aconteça isto àquelas que não forem levadas por este caminho.

4. Tornando agora ao nosso formoso e ameno castelo, vejamos como havemos de fazer para penetrar no seu interior.

Parece disparate falar deste modo, porquanto, se a própria alma é o castelo, como há de entrar nele, sendo ambos uma

---

7. Cf. Jo 9,2.

só coisa? À primeira vista é desatino, qual dizer a alguém que entre numa sala, quando já está nela. Mas sabei que pode haver grande diferença entre duas maneiras de estar: há muitas almas que rondam o castelo, nos arredores onde montam guarda as sentinelas, e nada se lhes dá de penetrar nele. Não sabem o que existe em tão preciosa mansão, nem quem nela mora, tampouco as salas que contém. Não tendes lido que alguns livros de oração aconselham à alma a entrar dentro de si mesma? É este o meu pensamento.

5. Dizia-me, há pouco tempo, um grande letrado, que são semelhantes as almas que não têm oração a um corpo entrevado ou com paralisia, o qual, embora tenha pés e mãos, não os pode mover. É bem verdade. Encontram-se algumas tão enfermas e habituadas a engolfar-se nas coisas exteriores que parece não haver remédio nem possibilidade de as fazer entrar dentro de si mesmas. É tal a força do costume, que, de tanto tratarem amiúde com os répteis e vermes que estão à roda do castelo, já se tornaram quase semelhantes a eles, e, embora de tão rica natureza, capazes de ter sua conversação não menos que com Deus, não há remédio que lhes valha. Tais almas, se não procurarem entender e remediar sua extrema miséria, tornar-se-ão como estátuas de sal em razão de não olharem para seu interior. Assim aconteceu à mulher de Ló por ter voltado os olhos para trás[8].

6. Tanto quanto posso entender, a porta para entrar neste castelo é a oração e a meditação; não me refiro à mental mais que à vocal, pois, desde que seja oração, há de ser acompanhada de advertência. Por certo! Se alguém não adverte com fala e o que pede, bem como quem é o que pede, e a quem –, por mais que mexa os lábios, não chamo a isto oração, conquanto o possa ser algumas vezes quando se trata de almas que em geral têm cuidado de bem rezar. Mas ter costume de falar à Majestade de Deus como quem fala a um escravo, a dizer o que vem à boca por havê-lo decorado ou repetido muitas vezes, sem mesmo reparar se está certo –, a isto não tenho em conta de

---

8. Cf. Gn 19,26.

oração. Não permita Deus que algum cristão reze deste modo! Entre vós, irmãs, espero em Sua Majestade não haverá tal, pois o costume que temos de tratar de coisas interiores é muito bom para não cair em semelhante bruteza[9].

7. Não falemos, pois, a essas almas tolhidas que, se o próprio Senhor não vier mandar-lhes que se levantem, como ao enfermo que jazia há trinta anos[10] na piscina, são bem desventuradas e correm grande perigo. Dirijamo-nos a outras almas que, enfim, entram no castelo. Estão ainda mui enredadas ao mundo, mas têm bons desejos e, de longe em longe, encomendam-se a Nosso Senhor e refletem a respeito de si mesmas, embora sem muito se demorarem. No espaço de um mês rezam um dia ou outro, cheias de mil negócios, e quase de ordinário ocupam-se nestes o pensamento porquanto estão deveras apegadas, e o coração se lhes vai para onde está o seu tesouro[11]. Procuram, todavia, desocupar-se de quando em vez; e é já grande coisa o próprio conhecimento e o ver que não vão bem, para atinarem, por fim, com a porta. Em suma, penetram nas primeiras salas de baixo, mas tantos vermes entram juntamente com elas a ponto de nem sequer lhes deixar ver a formosura do castelo, tampouco sossegar. Entretanto, já muito fazem em haver entrado.

8. Parecer-vos-á, filhas, que é isto impertinência, pois, pela bondade do Senhor, não sois deste número. Tende paciência! A não ser deste modo não saberei explicar, como tenho entendido, algumas coisas interiores de oração. E praza a Deus que, ainda assim, atine a dar-vos alguma ideia do que vos quero declarar, pois é difícil de entender quando não há experiência. Se, porém, a tiverdes, vereis que não posso deixar de fazer menção de certos pontos que permita o Senhor, por sua misericórdia, nunca nos digam respeito.

---

9. No original, *bestialidad*.
10. Jo 5,5. No texto sagrado se lê 38.
11. Lá onde está o teu tesouro, lá estará também o teu coração (Mt 6,21).

CAPÍTULO 2

Trata de quão é feia a alma que está em pecado mortal e de como aprouve a Deus dá-lo a entender em parte a uma pessoa. De passagem, fala também acerca do próprio conhecimento. É de proveito, porquanto encerra alguns pontos dignos de nota. Diz como se hão de entender estas moradas.

1. Antes de passar adiante, façamos uma consideração. Que será ver este castelo tão resplandecente e formoso, esta pérola oriental, esta árvore de vida plantada nas águas vitais da própria vida, que é Deus, quando se comete um pecado mortal? Não há trevas mais densas, nem coisa tão escura e negra: a tudo excede em escuridão. Basta dizer que, ao estar ainda no centro da alma o próprio Sol, que lhe dava tanto resplendor e formosura, é como se aí não estivera. Sim, porquanto ela não participa mais da luz divina, conquanto seja capaz de gozar de Sua Majestade – como o cristal é apto para refletir o esplendor do sol. Nada lhe aproveita; todas as boas obras que faz, em virtude de estar em pecado mortal, são de nenhum fruto para alcançar a glória, porquanto, procedem não daquele Princípio pelo qual é virtude nossa virtude – isto é, de Deus –, senão de uma alma apartada dele, de modo que não podem ser agradáveis aos divinos olhos. De fato, a intenção de quem comete o pecado mortal não é, em suma, contentar ao Senhor, e sim dar prazer ao demônio; e por ser este as próprias trevas, torna-se a pobre alma toda tenebrosa como ele.

2. Sei de uma pessoa[12] a quem se dignou Nosso Senhor mostrar o estado de uma alma em pecado mortal. Diz ela que,

---

12. A própria santa. Relação 24 (cf. Apêndice 1).

segundo lhe parece, se todos o entendessem, não haveria um só homem capaz de pecar, ainda que tivesse de sujeitar-se aos maiores trabalhos para fugir das ocasiões. Desde então, deu-lhe imenso desejo de que todos o soubessem, e o mesmo tende vós, filhas, de rogar muito a Deus pelos que se acham nesse estado, reduzidos à completa escuridão, tanto eles como suas obras. Com efeito, assim como são límpidos todos os arroios que manam de uma fonte mui clara, as obras da alma em extremo estado de graça também são agradáveis aos olhos de Deus e aos dos homens, porquanto procedem dessa fonte de vida onde está a alma, à semelhança de uma árvore plantada à beira de um rio, a qual não teria frescor e frutos se não fora a vizinhança das águas que a sustentam e lhe dão viço e a cobrem de pomos deliciosos. E, pelo contrário, a alma que, por sua própria culpa, se aparta desta fonte e lança raízes em outra de águas demasiado negras e fétidas, tudo quanto produz é só desventura e imundícia.

3. Aqui havemos de considerar uma coisa: a fonte – ou, por melhor dizer, aquele Sol resplandecente que brilha no centro da alma, o qual sempre está dentro dela – não perde seu fulgor e formosura, e nada poderia diminuir-lhe a beleza. Ela, porém, é como um cristal sobre cuja superfície alguém houvesse estendido um pano muito negro. É evidente que, embora sobre ele dardejasse o sol, não fariam seus raios resplandecer o cristal.

4. Ó almas remidas pelo Sangue de Jesus Cristo! Compreendei vosso estado e tende compaixão de vós mesmas! Como é possível que, ao entender estas verdades, não procureis tirar de vós o pecado – esse piche que obscurece o cristal? Pensai bem: se a vida se vos acaba, jamais tornareis a gozar deste Sol! Ó Jesus! Quão desolada é uma alma apartada de Vós! Como ficam os pobres aposentos do castelo! Quão perturbados andam os sentidos, que são a gente que aí vive! E as potências – que representam os alcaides, mordomos e mestres-salas – com que cegueira, com que mau governo desempenham suas funções! Em uma palavra: Se é o demônio o terreno onde está plantada a árvore, que fruto pode dar?

5. De um homem espiritual ouvi certa vez que não se espantava dos excessos cometidos por quem está em pecado mortal, mas sim dos que deixa de cometer. Deus, por sua misericórdia, nos livre de tão grande mal, pois nesta vida não há coisa que mereça este nome senão esta, que nos acarreta males eternos e para sempre. Isto, filhas, é o que nos deve fazer andar temerosas e o que havemos de pedir a Deus em nossas orações, porque se Ele não guardar a cidade[13], em vão trabalharemos, pois somos a própria vaidade.

Afirmava aquela pessoa à qual me referi atrás, que dois proveitos havia tirado da mercê recebida de Deus. Primeiro, um imenso temor de ofendê-lo, e assim, ao considerar tão terríveis danos, sempre suplicava ao Senhor que não a deixasse cair. Segundo, um espelho de humildade que vê como nenhuma coisa boa que façamos tira de nós princípio, senão dessa fonte em cuja ribeira está plantada a árvore de nossas almas, e desse Divino Sol que a nossas obras dá calor. Representou-se-lhe isso tão ao claro que, ao fazer alguma boa ação, ou ao vê-la feita a outros, acudia aquele que é princípio de todo bem, e compreendia como sem esta ajuda, de nada somos capazes. Daqui lhe procedia prorromper logo em louvores a Deus, e, o mais das vezes, nem se lembrar de si em qualquer coisa boa que fizesse.

6. Não seria tempo perdido, irmãs, o que gastássemos, vós em lerdes e eu em isto escrever, se nos ficassem estes dois ensinamentos. Os entendidos e letrados deveras o conhecem, mas a ignorância das mulheres tem necessidade de tudo quanto há, e talvez por isso queira o Senhor que venham a nosso conhecimento semelhantes comparações. Praza à sua bondade conceder-nos graça para tirarmos fruto!

7. Quão obscuras e difíceis de entender são estas matérias do interior da alma! É forçoso que quem, assim como eu, tão pouco sabe, há de dizer muitas coisas supérfluas e até

---

13. Sl 127,1: Se o SENHOR não guardar a cidade, em vão vigia a sentinela.

disparatadas antes de acertar com alguma que preste. É mister armar-se de paciência quem o ler, assim como eu o faço para escrever o que está acima de meu alcance. Certo é que, algumas vezes, tomo nas mãos o papel como uma criatura boba, sem saber o que dizer nem por onde começar. Mas bem entendo quão importante é explicar, o melhor que puder, alguns pontos da vida interior. De fato, sempre ouvimos falar da excelência da oração, e pelas nossas constituições estamos obrigadas a ela durante horas a fio; mas só nos pregam acerca daquilo que podemos fazer por nós mesmas. Dos prodígios que Deus opera nas almas – digo, por via sobrenatural – pouco se fala. Entretanto, se alguém no-lo explicar e fizer compreender por diversas maneiras, ser-nos-á de muito consolo o considerarmos este edifício interior e celestial, tão pouco entendido dos mortais, embora o vejam por fora. É verdade que noutros escritos, que tive ocasião de redigir, deu o Senhor alguma luz a respeito destes assuntos, mas vejo que então não compreendia eu, como agora, certas coisas, mormente das mais dificultosas. O pior é que, repito, para chegar a elas, terei de dizer várias que são deveras conhecidas, pois não pode ser por menos, visto a rudeza de meu engenho.

8. Pois bem! Tornemos agora ao nosso castelo de muitas moradas. Não haveis de imaginá-las umas depois das outras, como enfileiradas. Não! Ponde os olhos no centro: aí é a sala ou palácio onde está o Rei. Como num palmito, no qual, para chegar ao que se come, há muitas cascas ou camadas que cercam por inteiro a medula saborosa, assim, aqui, em redor desta sala há muitas outras, e também por cima. Com efeito, as coisas da alma sempre se hão de considerar com plenitude, amplidão e grandeza. Não há perigo de exagero, pois sua capacidade excede qualquer consideração humana, e o Sol, que está no centro do palácio, comunica-se a todas as partes dele. O que importa a toda alma que tenha oração, seja pouca ou muita, é que não a constranjam nem a obriguem a ficar metida num canto. Deixem-na circular por essas moradas, em cima, embaixo, dos lados; e, pois Deus a elevou a tão grande

dignidade, não a forcem a estar em demasia numa só peça, ainda que seja a do próprio conhecimento, embora muito necessário – quero que me entendam – mesmo às que o Senhor admite em sua própria morada. De fato, por sublimada que esteja uma alma, não lhe convém outra coisa, nem o conseguirá ainda que o queira, pois a humildade, como a abelha, nunca fica ociosa e sempre está a lavrar o mel na colmeia. Sem isto, vai tudo perdido. Mas, por outro lado, consideremos que a abelha não deixa de sair e voar para trazer o suco das flores. Assim também é a alma ocupada em conhecer-se: creia-me e voe algumas vezes a considerar a grandeza e majestade de seu Deus. Aqui reconhecerá melhor sua baixeza que em si mesma, e estará mais a salvo dos animalejos que entram nas primeiras peças, onde se trata do conhecimento de si; pois, repito, embora seja grande misericórdia de Deus que se exercite nele, e, como se costuma dizer: no mais está incluído o menos. E creiam-me: com a virtude de Deus praticaremos muito melhor a virtude do que se vivermos por demais atadas ao nosso barro.

9. Receio não me ter explicado bem, porque é tão importante este nos conhecermos a nós mesmas, que não quisera houvesse jamais descuido neste ponto, por elevadas que estejais até o céu. Com efeito, enquanto vivemos nesta terra, não há para nós coisa que mais nos importe que a humildade. Torno, portanto, a dizer que é muito bom, e sumamente bom, entrar primeiro no aposento onde se trata disto, antes de voar aos outros, porquanto é este o caminho; e se podemos ir por estrada segura e plena, por que cobiçar asas para voar? O que digo é que devemos buscar os meios de mais nos adiantarmos nesta virtude, e, segundo me parece, se não procuramos conhecer a Deus, jamais nos conheceremos por completo. Ao olhar sua grandeza, acudamos à nossa abjeção: ao contemplar sua pureza, veremos as manchas de nossos pecados; ao considerar sua humildade, conheceremos quão longe estamos de ser humildes.

10. Duas vantagens há nisto: primeiro, claro está que uma coisa branca parece muito mais alva junto de uma preta; e, pelo contrário, uma preta junto de uma branca. A segunda é que nosso entendimento e nossa vontade se enobrecem e se tornam mais aptos para todo bem pelo fato de se ocuparem não somente de si, mas também de Deus; ao passo que se jamais sairmos do lodo de nossas misérias, resultarão muitos inconvenientes. Ao falarmos há pouco dos que estão em pecado mortal, dizíamos como são negras e malcheirosas as correntes de suas águas. Assim, de algum modo, acontece aqui, embora não sejam as águas como aquelas. Disto Deus nos livre! É apenas uma comparação. Metidos sempre na miséria de nosso barro, nunca dele brotarão arroios limpos da lama dos temores, da pusilanimidade e da covardia. Surgirão pensamentos como estes: se me olham ou não me olham; se indo por este caminho não me sairei bem; se, porventura, é ousadia ou soberba começar tal obra; se é bom que uma pessoa tão miserável trate de coisa tão elevada como é a oração; se me terão por melhor se eu não trilhar o caminho comum a todos; não são bons os extremos, ainda em matéria de virtude; como sou tão pecadora, será cair de mais alto; quiçá, não irei adiante e serei ocasião de desdouro para os bons; a uma pecadora como eu, não assentam bem as particularidades...

11. Oh! Valha-me Deus, filhas, a quantas almas terá feito o demônio perder muito por este meio! Tudo isto, e muitas outras coisas que fácil me seria ajuntar, lhes parece humildade. E por quê? Por não nos conhecermos como convém. O conhecimento de si fica torcido, e, se nunca saímos de nós mesmos, não me espanto destes e de outros males que se podem temer. Por isso digo, filhas, que ponhamos os olhos em Cristo nosso bem, e dele e de seus santos aprenderemos a verdadeira humildade. Com isto cobrará nobreza nosso entendimento, repito, e não nos tornará rasteiros e covardes o autoconhecimento, pois embora seja esta apenas a primeira morada, é rica ao extremo e de tão grande preço, que não ficará sem passar adiante quem

lograr escapulir dos vermes que há nela. Terríveis são os ardis e manhas do demônio para que as almas não se conheçam, tampouco entendam o caminho a trilhar.

12. Destas moradas primeiras posso dar, por experiência, boas informações, de modo que digo que ninguém imagine poucos aposentos, senão milhares, porque de muitas maneiras entram aqui as almas. Todas têm boa intenção, mas é tão mal-intencionado o demônio, que sempre deve guarnecer cada morada de muitas legiões de seus emissários, os quais combatem a fim de impedir que passem de umas às outras. Como a pobre alma não o entende, ele de mil modos a engana; o que não consegue tanto, à medida que ela se achega às salas mais próximas do centro onde está o Rei. Aqui, ainda se trata de pessoas embebidas no mundo, engolfadas nos contentamentos e deslumbradas pelas honras e pretensões; seus vassalos interiores, que são os sentidos e as potências, não estão revestidos da força que Deus lhes outorgou desde o princípio e, por isso, com facilidade são derrotados, embora andem com desejos de não ofender a Deus e façam boas obras. Quem se vir neste estado, tem necessidade de acudir a miúdo, conforme puder, a Sua Majestade, e tomar por intercessores a bendita Mãe de Deus e a todos os santos para que pelejem por ele, já que seus criados são tão destituídos de força para defendê-lo. Na verdade, em todos os estados é mister que do Senhor nos venha a fortaleza. Sua Majestade no-la dê por sua misericórdia. Amém.

13. Que miserável é a vida que vivemos! Como em outra parte[14] discorri muito acerca do dano que nos provém, filhas, de não compreendermos bem a humildade e o conhecimento de si, não me estenderei aqui, apesar de ser o que mais nos importa. Praza a Deus tenha eu dito alguma coisa proveitosa!

14. Haveis de notar que a estas moradas primeiras quase nada ainda chega da luz que sai do palácio onde está o Rei. É porque, embora não estejam escuras e negras, como

---

14. *Livro da vida*, cap. 13. *Caminho de perfeição*, cap. 12 e 13.

acontece quando está a alma em pecado, se acham de algum modo obscurecidas, e quem nela vive não pode ver com clareza. Não por culpa da sala (falo assim por não saber como me dar a entender), mas porque penetraram ao lado da alma tantas cobras e víboras e bichos peçonhentos, que não lhe permitem enxergar a luz. É como alguém que entrasse num lugar onde o sol dá de cheio, mas tivesse cobertos de terra os olhos e quase os não pudesse abrir. Clara está a sala, mas ele não goza da luz em razão do impedimento que lhe vem desses répteis venenosos e animais daninhos que o constrangem a fechar os olhos para não ver outra coisa senão a eles. Assim, parece-me, deve ser uma alma que, embora não esteja em mau estado, vive de todo mergulhada nas coisas do mundo e embebida no dinheiro, ou nas honras, ou nos negócios, do modo acima referido. Conquanto deseje, com demasiada sinceridade, ver e gozar de sua própria formosura, não lho permitem tantos impedimentos, e parece impossível conseguir desvencilhar-se deles. Convém muito, para ter ingresso às segundas moradas, que procure dar de mão aos tratos e negócios dispensáveis. Isto cada um há de fazer segundo seu estado, e é coisa tão importante para chegar à morada principal que, se não começar desde logo a exercitar-se, o tenho por impossível. E até mesmo, julgo, não logrará conservar-se sem muito perigo onde está, conquanto tenha já penetrado no castelo; porque, entre bichos tão peçonhentos, não poderá deixar de ser mordido uma vez por outra.

15. Que seria, contudo, filhas, se almas já livres desses tropeços, como somos nós, que já adentramos a outras moradas secretas do castelo, tornássemos, por nossa culpa, a sair e buscar esses alvoroços? Por nossos pecados, deve haver muitas pessoas favorecidas das mercês divinas, que, por sua culpa, se despenham nessas misérias. Aqui, livres estamos quanto ao exterior; no interior, praza ao Senhor que nele estejamos, e Ele mesmo nos preserve de tanto mal. Guardai-vos, filhas mi-

nhas, de cuidados alheios. Olhai que em poucas moradas deste castelo deixam de combater-nos os demônios. Em verdade, em algumas morados os guardas – que, segundo julgo já ter dito, são as potências – têm força para pelejar. Contudo, é de suma necessidade não haver descuido de nossa parte, a fim de entendermos os ardis e não nos deixarmos enganar pelo inimigo transfigurado em anjo de luz. Há uma multidão de coisas com que ele nos pode causar dano: entra pouco a pouco, e, quando nos damos por nós, o mal está feito.

16. Já vos disse de outra vez[15] que é mister descobrir-lhe as manobras desde o princípio, porquanto trabalha em nós à semelhança de uma lima surda. Quero dizer algumas palavras para vo-lo dar melhor a entender.

Suscita o demônio a uma irmã frequentes ímpetos de penitência: dir-se-ia que só fica sossegada quando se está atormentando. Bom é este princípio; mas suponhamos que a priora tenha proibido fazer penitência sem sua permissão e ele lhe persuada que, em coisa tão meritória, bem pode atrever-se a desobedecer. Se a irmã, às ocultas, leva tal vida que vem a perder a saúde e a não cumprir o que lhe manda a regra, já vedes em que foi parar esse bem.

A outra infunde ele extraordinário zelo da perfeição. É ótimo, mas daqui pode resultar que lhe pareça grande infração qualquer pequena falta das irmãs, e, destarte, cuide de examinar o que fazem e de acudir à priora. E ainda, às vezes, chegará porventura a não ver as suas próprias faltas pelo grande zelo que tem da religião. Como as outras irmãs veem esse cuidado e não lhe entendem o interior, pode acontecer que não o levem muito a bem.

17. O que pretende com isto o maligno não é pouco: é esfriar a caridade e amor de umas para com as outras, o que seria grande mal. Convençamo-nos, filhas minhas, de que a perfeição verdadeira consiste no amor de Deus e do próximo, e tanto mais

---

15. *Caminho de perfeição*, cap. 38 e 39.

perfeitas seremos quanto com maior perfeição guardarmos estes dois mandamentos. Toda a nossa regra e as nossas constituições não têm outro fim senão servir de meios para guardar isto com a maior perfeição. Deixemo-nos de zelos indiscretos que nos podem causar muito dano. Cada uma olhe para si.

Como em outra parte[16] discorri com vagar acerca deste ponto, não me estenderei mais.

18. Por ser tão importante esse amor de umas para com as outras, desejaria eu que nunca o perdêsseis de vista. De andar, pelo contrário, a olhar nas irmãs umas ninharias – que às vezes nem serão imperfeições, mas, por nossa ignorância, o lançamos à pior parte –, pode a alma vir a perder a paz e até a perturbar a das outras. Vede como custaria caro a perfeição! Poderia também o inimigo tentar neste ponto a alguma contra a priora, e então seria maior o perigo. Aqui é mister muito cuidado, porque, tratando-se de coisas que vão contra a regra e as constituições, nem sempre convém lançá-las à boa parte, senão antes avisá-la e, se não se emendar, dar conta ao prelado. Isto é ato de caridade. Algo similar digo em relação às irmãs, se fosse coisa grave; e seria a própria tentação o deixar de assim proceder por medo de que seja tentação. Mas é preciso refletir muito para que não nos engane o demônio, e jamais tratarem dessas coisas entre si, porquanto, de outro modo, poderia ele sair com grande lucro e introduzir o hábito da murmuração. Só havemos de falar a quem possa aproveitar o aviso, como já disse. Aqui, glória a Deus, não há tanta ocasião para isto, graças ao contínuo silêncio; mas é bom que andemos sempre de sobreaviso.

---

16. *Livro da vida*, cap. 13.

Segundas moradas

Nelas há um capítulo.

CAPÍTULO 1

Trata do muito que importa a perseverança para chegar às últimas moradas, e da grande guerra que dá o demônio. Quanto convém, para atingir ao termo, não errar o caminho no princípio. Aconselha um meio de cuja eficácia tem experiência.

1. Vejamos agora quais serão as almas que entram nas segundas moradas, e em que aí se ocupam. Minha intenção é dizer pouco, porque em outras partes[17] o expliquei em pormenor, e, como não me lembro de mais nada do que escrevi, será impossível deixar de repetir muitas coisas. Entretanto, se conseguisse dizê-lo de diferentes maneiras, bem sei que não vos enfadaria, assim como os livros que tratam destas matérias nunca nos cansam, apesar de serem tantos.

2. Trata-se aqui de pessoas que já começaram a ter oração e a entender quanto lhes importa não ficar nas primeiras moradas; mas ainda não têm, em geral, firmeza para passar adiante, porquanto não saem das ocasiões, o que é deveras perigoso. Contudo, já é grande misericórdia de Deus que procurem de quando em vez fugir das cobras e répteis venenosos e compreendam que devem afastar-se deles.

Estas almas, em parte, vivem em muito mais trabalho que as primeiras, porém não em tanto perigo, porque já têm alguma noção dele. Há grande esperança de que penetrarão mais adentro. Sofrem mais, repito; porquanto os primeiros são

---

17. *Livro da vida*, cap. 11-13. *Caminho de perfeição*, cap. 20-29.

como os mudos que não ouvem, e por isso mesmo suportam melhor o trabalho de não falar; muito pior seria se ouvissem e não pudessem responder. Mas nem por isso achamos melhor a sorte dos que não ouvem, porque enfim é grande coisa entender o que nos dizem. Assim, estes percebem os divinos chamamentos, porque pouco a pouco chegam para mais perto do centro onde está Sua Majestade, e é muito bom vizinho o Senhor. É tanta a sua misericórdia e bondade, que, ainda que estejamos nós em nossos passatempos, e negócios, e prazeres, e seduções do mundo, ora a cair em pecado, ora a nos levantar – porque, no perigoso convívio desses répteis tão peçonhentos e buliçosos, é milagre deixar de tropeçar e cair –, com tudo isto, sumamente preza este Senhor nosso que o queiramos e desejemos sua companhia. Não nos deixa de chamar uma ou outra vez para que nos acerquemos dele; e é sua voz tão doce que a pobre alma se sente aniquilada por não fazer logo o que lhe manda, e assim, como afirmei, sofre mais do que se não ouvisse.

3. Não digo que sejam estes chamamentos e vozes como outros de que tratarei depois. São apenas palavras que se ouvem de pessoas virtuosas, ou sermões, ou leituras em bons livros, e muitas outras coisas com que Deus nos chama, como sabeis; ou ainda doenças, trabalhos e também certas verdades que Ele nos ensina nos momentos que passamos em oração. Estes momentos tem Deus em grande conta, ainda que estejamos sem nenhum fervor. E vós, irmãs, não tenhais em pouco esta primeira mercê, nem vos desconsoleis, ainda que não respondais logo ao Senhor. Bem sabe Sua Majestade aguardar muitos dias e anos, sobretudo quando vê perseverança e bons desejos. Esta disposição é a mais necessária, e com ela jamais se deixa de ganhar em demasia. Mas é terrível a guerra que de mil maneiras dão os demônios, e com maiores tormentos que na morada anterior. Lá, a alma estava surda e muda, ou, pelo menos, ouvia muito pouco, e quase não resistia, à semelhança de quem perdeu em parte a esperança de vencer; aqui, mais vivo está o entendimento e mais hábeis as potências. Tão for-

midáveis são os golpes e as descargas de artilharia, que não se podem deixar de ouvir. Põem-se os demônios a representar-lhe, na forma de cobras, essas das coisas do mundo, de modo que pintam os prazeres dele como quase eternos; os amigos e parentes e a estima em que é tida em toda parte; a saúde, comprometida pela penitência – pois sempre nesta morada começa a alma a desejar fazer alguma –, e mil outras dificuldades imaginárias.

4. Ó Jesus, em que alvoroço metem aqui os demônios a pobre alma aflita que está sem saber se há de passar adiante ou tornar à primeira sala, porquanto, de outro lado, a razão lhe faz ver que engano é atribuir o menor valor a todas essas coisas em comparação do Sumo Bem que pretende. A fé lhe ensina qual o verdadeiro caminho. Representa-lhe a memória o fim em que vão parar todas essas vaidades; traz-lhe à lembrança mortes – e algumas repentinas – de pessoas conhecidas que muito gozaram desses prazeres. Quão depressa caíram no esquecimento de todos! Alguns, que conheceu em grande prosperidade, jazem debaixo da terra pisada pelos transeuntes. Quantas vezes, ao passar por uma dessas sepulturas, considera que ali está aquele corpo, e os vermes a nele fervilhar! E, assim, muitas outras coisas que lhe passam pela mente. Inclina-se a vontade a amar aquele em quem tem visto tão inumeráveis graças, tantas mostras de amor; quisera corresponder ao menos em parte, em especial ao ver como este verdadeiro Amante nos acompanha, nos dá o ser e a vida e jamais se aparta de junto de nós. Logo, por sua vez, acode o entendimento e mostra-lhe que não achará melhor amigo, ainda que viva muitos anos; pois cheio de falsidade está o mundo todo, e saturados de trabalhos, cuidados e contradições os prazeres que lhe oferece o demônio! Fora deste castelo – disto pode ter certeza – não achará segurança nem paz. Deixe-se de andar por moradas alheias, pois a sua própria é tão rica de bens, se dela quiser gozar. Onde poderá achar tudo que lhe é mister como em sua casa, mormente ao nela ter tal hóspede,

que lhe dará domínio sobre todas as suas riquezas caso a alma consinta em não andar perdida, como o filho pródigo, atrás do alimento de animais imundos?[18]

5. Razões são estas mais que suficientes para vencer o maligno. Mas, ó Senhor e Deus meu! O costume de viver entre mil vaidades, assim como o ver que todo o mundo trata disto, põe tudo a perder. Tão amortecida está a fé, que preferimos as coisas visíveis às realidades que ela nos ensina; e, entretanto, vemos com os nossos olhos como são infelizes os que vivem em busca dessas coisas vãs. Mas todo o mal vem desses répteis venenosos, dos quais não nos guardamos com cuidado. Assim como uma pessoa picada por víbora fica envenenada de todo e se põe a inchar, tamém acontece conosco. Claro está que, para sarar, será preciso submeter-nos a repetidas curas, e muita mercê nos faz Deus em não morrermos de tão grave mal. Não há dúvida; grandes trabalhos passa aqui a alma, sobretudo quando, por seus costumes e qualidades, entende o demônio que tem ela capacidade para adiantar-se muito no serviço de Deus, porquanto, então, convocará o inferno para fazê-la sair do castelo.

6. Ah! Senhor meu! Aqui a única esperança é a vossa ajuda, sem a qual nada se pode fazer. Por vossa misericórdia! Não consintais que seja enganada esta vossa criatura e deixe o que se começou! Dai-lhe luz para que veja como todo o seu bem está em não voltar atrás e para que se aparte das más companhias. Que preciosidade para uma alma é tratar com os que deveras servem a Deus, e chegar-se não só aos que vê nos mesmos aposentos, senão aos que – logo se conhece – já entraram aos mais vizinhos do Rei! De muito lhe servirá isto, e tanto pode conversar com eles, que a venham a meter consigo onde estão. Sempre esteja de sobreaviso para não se deixar vencer, porque se o inimigo a vir com total determinação de antes perder a vida, o descanso e tudo o que ele oferece do que tornar à

---

18. Cf. Lc 15,16.

primeira morada, muito mais depressa a deixará. Seja homem, e não dos que se deitavam a beber de bruços quando marchavam para o combate, não me recordo com quem[19]. Determine-se com firmeza, pois vai a pelejar contra todos os demônios, e veja bem que não há melhores armas que as da cruz!

7. Embora já o tenha dito outras vezes[20], vou repetir um aviso, por ser muito importante. É o seguinte: nestes princípios, nem se lembrem de que há regalos espirituais. Seria muito baixa maneira de começar a lavrar tão precioso e grande edifício; ao edificá-lo sobre a areia, dariam com tudo no chão e viveriam sempre desgostosos e tentados. Sim, porque as moradas onde chove o maná não são estas: estão mais adiante, onde tudo sabe a alma à medida de seus desejos, porquanto ela não quer senão o que Deus quer. É engraçado! Ainda estamos com mil embaraços e imperfeições; as virtudes brotaram há pouco, ainda não sabem andar, e, até praza a Deus que haja princípio delas!, com isto, não temos vergonha de querer gostos na oração e de prorromper em queixas por causa das securas? Jamais vos aconteça isto, irmãs! Abraçai-vos com a cruz que vosso Esposo levou às costas, e convencei-vos de que esta há de ser a vossa empresa. A que mais puder padecer, padeça mais por Ele, e caberá a esta a melhor parte. Considerai o resto como acessório; se o Senhor vo-lo der, rendei-lhe sobejas graças.

8. Direis, quiçá, que estais bem resolvidas a abraçar os trabalhos exteriores, contanto que Deus vos regale o interior. Melhor sabe Sua Majestade o que nos convém. Para que o havemos de aconselhar acerca do modo de nos distribuir seus dons? Poderia, com razão, dizer-nos que não sabemos o que pedimos[21]. Todo o empenho de quem começa a ter oração – e isto não esqueçais, pois é de suma importância – há de ser tra-

---

19. Os soldados de Gedeão quando marchavam contra os madianitas (Jz 7,5).
20. *Livro da vida*, cap. 11.
21. Mt 20,22: Não sabeis o que pedis.

balhar, determinar-se e dispor-se, com toda a diligência possível, a tornar sua vontade conforme à do Senhor. E ficai muito certas, como direi mais adiante, que nisto consiste toda a maior perfeição no caminho espiritual. Quem com mais perfeição tiver esta conformidade, mais receberá do Senhor, e mais adiantado estará neste caminho. Não penseis que haja aqui maiores mistérios, nem coisas ignoradas e ocultas: nisto consiste todo o vosso bem. Ora, se erramos no começo, ao querer que logo faça o Senhor nossa vontade e nos leve por onde imaginamos –, que firmeza pode ter este edifício? Procuremos, pois, fazer o que está em nossas mãos e guardar-nos destes vermes venenosos; muitas vezes quer o Senhor que nos persigam e aflijam maus pensamentos, sem que os possamos lançar para longe de nós. Envia-nos também securas; permite até, algumas vezes, que sejamos mordidos, a fim de melhor nos sabermos precatar para o futuro, assim como para provar Sua Majestade se nos pesa deveras de o ter ofendido.

9. Não desanimeis, portanto, quando cairdes, nem deixeis de sempre procurar ir adiante. Dessa mesma queda tirará Deus vosso bem, como faz o vendedor de triaga que, para mostrar que é boa, bebe primeiro o veneno. Quando não houvesse outro meio para percebermos nossa miséria e o grande mal que nos faz o costume de andar dissipados, bastaria para isto o combate renhido que é forçoso travar para nos tornarmos a recolher. Pode haver maior mal do que não nos acharmos em nossa própria casa? Que esperança pode ter de encontrar sossego em lares alheios quem no seu próprio não logra sossegar? O caso é que tão grandes e legítimos amigos e parentes, com os quais, sempre, mesmo contra a vontade, havemos de conviver, isto é, as nossas potências, parecem fazer-nos guerra, como sentidas da que a elas fizeram os nossos vícios. Paz! paz! irmãs minhas – eis o que o Senhor disse e recomendou a seus apóstolos tantas vezes[22]. Pois bem! Crede-me. Se não tivermos

---

22. Jo 20–21.

paz ao procurá-la em nossa casa, ainda menos a acharemos nas alheias. Conclua-se já esta guerra! Pelo Sangue que Ele derramou por nós, suplico àqueles que ainda não começaram a introspecção; e aos que já principiaram, que não seja suficiente para fazê-los retroceder ante às dificuldades. Olhem que é pior a recaída do que a própria queda! Vejam o que perdem! Confiem na misericórdia de Deus e nada em si, e verão como Sua Majestade leva a alma, de morada em morada, até introduzi-la na mansão onde essas feras não a podem atingir nem molestar, antes, pelo contrário, ela as subjuga todas e zomba de seus assaltos. Aí fruirá, mesmo desde esta vida, muito maiores bens do que jamais poderia desejar; isto lhe asseguro.

10. E porque, segundo disse ao princípio, já vos escrevi como vos haveis de portar nas perturbações que neste ponto causa o demônio[23], e como o começar a recolher-se não há de ser à força de braços, e sim com suavidade para ser o recolhimento mais duradouro e contínuo, não o direi mais aqui. Só acrescento que, em meu ver, é de grande vantagem consultar pessoas experimentadas, pois poderei julgar, de modo errôneo, que em fazer estas coisas necessárias e de obrigação há grande prejuízo para a vossa alma. Mas, ainda quando não acharmos quem nos ensine, tudo fará o Senhor redundar em nosso proveito, contanto que não deixemos o que se principiou. Para este mal não há remédio, a não ser tornar a principiar. Sem isto, pouco a pouco, perderá cada dia mais a alma, e ainda praza a Deus que o entenda!

11. Poderia alguém pensar: se tão grande mal é tornar atrás, melhor será ficar fora do castelo e nunca se meter em tal empresa. Já vos disse ao princípio, e o próprio Senhor no-lo afirma: *quem anda no perigo, nele perece*[24]; e também vos declarei que a porta de acesso para este castelo é a oração. Ora, pensar que havemos de entrar no céu sem entrarmos em nós

---

23. *Livro da vida*, cap. 11 e 19.
24. Eclo 3,27: *Qui amat periculum, in illo peribit*.

para conhecer e considerar nossa miséria e os benefícios de Deus, assim como para pedir-lhe muitas vezes misericórdia, é desatino. O próprio Senhor diz: "*Ninguém subirá a meu Pai senão por mim*"[25]. Não sei com exatidão se são estas as palavras, mas creio que sim. E também: "*Quem me vê a mim, vê a meu Pai*"[26]. Mas se nunca pusermos nele os olhos, nem considerarmos nossas dívidas para com Ele e a morte que por nós padeceu, não sei como o poderemos conhecer e fazer muito em seu serviço. Porquanto a fé sem obras – e obras unidas aos merecimentos de Jesus Cristo nosso Bem –, que valor pode ter? E, sem isto, quem nos estimulará a amar a este Senhor?

Praza a Sua Majestade dar-nos a compreender o muito que lhe custamos. Faça-nos ver como o servo não é maior que seu Senhor[27]; como precisamos trabalhar para gozar de sua glória, e como, para isto, nos é necessário orar a fim de não andarmos sempre em tentação[28].

---

25. Jo 14,6: *Nemo venit ad Patrem nisi per me.*
26. Jo 14,9: *Qui videt Me, videt et Patrem.*
27. Mt 10,24: O discípulo não está acima do mestre, nem o escravo acima do patrão.
28. Mt 26,41: Vigiai e orai para não cairdes em tentação.

Terceiras moradas

Nelas há dois capítulos.

CAPÍTULO 1

Trata da pouca segurança que pode haver enquanto se vive neste desterro, mesmo para as almas que chegaram a elevado estado, e como convém andar com temor. Há alguns pontos proveitosos.

1. Aos que, pela misericórdia de Deus, venceram estes combates e, pela perseverança, entraram nas terceiras moradas, que outra coisa lhes diremos senão: *Bem-aventurado o varão que teme ao Senhor?*[29] Não foi pequena graça fazer-me Sua Majestade entender agora, de modo deveras oportuno, a significação deste verso em nossa língua, pois sou muito rude nestas matérias. Por certo, com razão o proclamaremos bem-aventurado, porquanto, se não tornar atrás, tanto quanto podemos entender, trilha seguro caminho de salvação. Por aqui vereis, irmãs, quanto importa vencer as batalhas passadas, já que – tenho por certo – nunca deixa o Senhor de premiar a alma ao colocá-la em segurança de consciência, o que é não pequeno bem. Em segurança? Digo mal, pois isto não existe nesta vida; por conseguinte, sempre que assim falo, entendei que é no caso de não tornar atrás no caminho principiado.

2. Que grande miséria é viver numa terra em que sempre havemos de andar como quem tem os inimigos à porta e não pode dormir nem comer senão armado, em contínuo sobressalto pelo temor de que, por alguma brecha, lhe arrombem a fortaleza! Ó Senhor meu e Bem meu! Como quereis que se

---

29. Sl 112,1: *Beatus vir qui timet Dominum.*

deseje vida tão miserável? Não é possível deixar de querer e pedir que nos tireis dela, a não ser pela esperança de a perder por Vós ou de a empregar muito deveras em vosso serviço, e, sobretudo, pela fé de estarmos fazendo a vossa vontade. Se assim é, Deus meu, morramos convosco, como disse São Tomé[30]. Com efeito, não é outra coisa senão morrer mil vezes o viver sem Vós, e com estes temores de que não nos é impossível perder-vos para sempre. Por isso, filhas, a bem-aventurança que havemos de pedir é estarmos já seguras, com os bem-aventurados; pois, com estes temores, que alegria pode ter quem todo o seu contentamento põe em contentar a Deus? E considerai que estes mesmos sentimentos, e muito maiores, tinham alguns santos que vieram a cair em graves pecados; e não temos certeza de que nos dará Deus a mão, como a deu a eles (refiro-me ao auxílio particular), para nos levantarmos e fazermos penitência.

3. Asseguro-vos, filhas minhas, que estou com tanto temor ao isto escrever, que não sei como escrevo, nem como vivo, quando me lembro destas verdades, o que me acontece inúmeras vezes. Rogai, filhas minhas, a Sua Majestade, para que viva Ele em mim sempre; porque, a não ser assim, que segurança pode haver para quem tão mal gastou sua vida como eu? E não vos pese o entender que assim é – como algumas vezes tenho visto em vós quando digo estas coisas. Procede isto de quererdes que eu tenha sido muito santa, e tendes razão, também o quisera eu. Que hei de fazer, entretanto, se perdi tão excelso bem, e só por minha culpa? Sim, que de Deus não me queixarei, pois não deixou de me dar ajudas bastantes para que se cumprissem vossos desejos; nem posso dizer isto sem lágrimas e grande confusão ao ver que escrevo avisos para quem me pode ensinar a mim. Dura obediência tem sido esta! Praza ao Senhor que, pois só o faço por seu amor, sirva para tirardes algum proveito e lhe pedirdes que

---

30. Jo 11,16: "Vamos nós também para morrermos com ele".

perdoe a esta miserável atrevida. Mas bem sabe Sua Majestade que só me posso apoiar em sua misericórdia, e, porquanto não posso deixar de ter sido quem fui, não me resta outro remédio senão acolher-me a Ele e confiar nos merecimentos de seu Filho e da Virgem sua mãe, cujo hábito trago com deveras indignidade, e trazeis vós também. Louvai a Deus, irmãs minhas, por serdes em verdade filhas desta senhora, e assim, em virtude de ter tão boa mãe, não serei causa de ficardes afrontadas por ser eu ruim. Imitai-a e considerai qual deve ser a grandeza desta senhora, e o bem de a ter por patrona; pois não bastaram meus pecados e o ser quem sou para ofuscar em nada esta sagrada ordem.

4. Quero, porém, dar-vos um aviso: por pertencerdes a esta religião e terdes tal mãe, não vos deis por seguras. Demasiado santo fora Davi, e bem sabeis o que fora Salomão. Não façais caso do encerramento e penitência em que viveis; nem vos julgueis a salvo por tratardes sempre de Deus, de contínuo exercitando-vos na oração, tão retiradas das coisas do mundo, às quais já vos parece ter aborrecimento. Bom é tudo isto, mas, torno a dizer, não basta para que deixemos de temer; e, assim, continuai a meditar este verso e trazei-o à memória muitas vezes: *Beatus vir qui timet Dominum*.

5. Não sei já o que ia dizer, apartei-me deveras do assunto, e quando me lembro de mim, se me quebram as asas e me sinto incapaz de dizer coisa boa. Quero, pois, deixar disto agora e tornar ao que vos comecei a discorrer acerca das almas que entraram nas terceiras moradas. Ao terem superado as primeiras dificuldades, não pequena mercê receberam do Senhor, senão muito grande. Destas almas, pela bondade do Senhor, creio, há muitas no mundo. São assaz desejosas de não ofender a Sua Majestade; guardam-se até dos pecados veniais, são amigas de fazer penitência e de ter suas horas de recolhimento, gastam bem o tempo, exercitam-se em obras de caridade com o próximo, são demasiado corretas em seu falar e vestir, e no governo de sua casa, quando a têm. Estado para se desejar, por

certo! Ao que parece, não há razão de se lhes negar o acesso até à última morada, nem o Senhor o negará a essas almas, se elas quiserem; que linda disposição é esta para receber toda sorte de mercês!

6. Ó Jesus! E haverá quem não queira tão excelso bem, sobretudo depois de já ter passado pelo mais laborioso? Não, nenhuma de nós! Todas afirmamos querê-lo; como, porém, é preciso mais do que palavras para o Senhor apoderar-se de todo da alma, não basta dizê-lo, como não bastou àquele moço a quem perguntou o Senhor se queria ser perfeito[31]. Trago-o diante dos olhos desde que comecei a falar destas moradas; porque, ao pé da letra, somos como ele, e, no geral, daqui provêm as grandes securas na oração, embora haja também outras causas. Não me refiro a certos trabalhos interiores, decerto intoleráveis, que têm muitas almas boas sem nenhuma culpa de sua parte, dos quais sempre as tira o Senhor com grandes proveitos; nem é minha intenção tratar dos que sofrem de melancolia e outras enfermidades. Acima de tudo, por fim, havemos de respeitar os juízos de Deus. Tenho para mim, porém, que a causa mais ordinária das securas é a que deixei dita. De fato, como estas almas veem que por nada neste mundo fariam pecado – e muitas nem ainda venial com advertência – e empregam bem a vida e a fazenda, não podem sofrer com paciência que se lhes conserve cerrada a porta de acesso ao aposento de nosso Rei, pois se consideram seus vassalos, e em verdade o são. Entretanto, lembrem-se: aqui na terra, embora tenha um soberano numerosos cortesãos, nem todos penetram até a câmara real. Entrai, entrai, em vós mesmas, filhas minhas; elevai-vos acima de vossas pequeninas obras, pois, na qualidade de cristãs, estais obrigadas a tudo isso e a muito mais, e contentai-vos de ser vassalas de Deus: não vá tão longe vossa ambição a ponto de que fiqueis sem coisa alguma. Olhai

---

31. Cf. Mt 19,16-22.

bem os santos que tiveram entrada na câmara deste Rei, e vereis quão longe estamos deles. Não peçais aquilo que não merecestes. Nem nos devia passar pelo pensamento a ideia de o vir a merecer algum dia, por grandes que sejam os nossos serviços, porquanto temos ofendido a Deus.

7. Ó humildade, humildade! Não sei que tentação me dá aqui! Mas não me posso capacitar de que não haja um pouco da falta desta virtude em quem tanto caso faz de securas. Não me refiro, como já disse, aos grandes labores interiores de que falei, os quais são muito mais graves do que a simples falta de devoção. Provemo-nos a nós mesmas, irmãs minhas, ou antes, prove-nos o Senhor, que o sabe fazer muito bem – ainda que diversas vezes não o queiramos entender –, e voltemo-nos a essas almas tão corretas. Examinemos o que fazem por Deus, e logo nos será fácil conhecer que não temos razão de queixa contra Sua Majestade. Sim, porque, se lhe voltamos as costas e nos afastamos tristes – à semelhança do moço do Evangelho – quando nos declara o que havemos de fazer para ser perfeitos, dizei-me: que quereis que faça Sua Majestade, se há de dar o prêmio em proporção do amor que lhe temos? E este amor, filhas, não há de ser engendrado em nossa imaginação, mas sim provado por obras; e não cuideis que tenha necessidade delas: só quer a determinação de nossa vontade.

8. Como trazemos o hábito da religião, e por nossa livre escolha, o tomamos, deixamos por Ele todas as coisas do mundo e nossos haveres (ainda quando não fosse mais que as redes de São Pedro, pois quem dá tudo o que tem, sempre julga dar muito), parecer-nos-á talvez que tudo está feito. Muito boa disposição é esta para quem persevera e não torna a meter-se no meio dos vermes das primeiras peças, nem sequer pelo desejo. Ao permanecer sempre firme nesta desnudez e despojamento de tudo, não duvide: alcançará o que pretende. Mas há de ser com a condição – e guardai bem este meu aviso – de se ter

por servo inútil, segundo disse São Paulo, ou Cristo[32]. E creia que não pôs a Nosso Senhor na obrigação de lhe fazer semelhantes mercês; antes, pelo contrário, por mais ter recebido, ficou mais endividado. Que podemos nós fazer no serviço de um Deus tão generoso, que por nós morreu, nos criou e nos conserva a existência, que não nos julguemos venturosos de amortizarmo-nos um pouco a nossa dívida para com Ele por nos ter servido como fez? De má vontade emprego esta palavra: servir; mas assim foi, e outra coisa não fez durante todo o tempo que viveu no mundo. E ainda lhe havemos de pedir de novo mercês e regalos?

9. Ponderai muito, filhas, algumas coisas que vão aqui assinaladas, embora em desalinho, porquanto não me sei exprimir melhor. O Senhor vo-lo dará a entender para que das securas tireis humildade, e não inquietação, como pretende o demônio. E crede-me: as almas deveras humildes, ainda que nunca recebam consolações, dar-lhes-á Deus uma paz e conformidade com que andarão mais contentes do que outras com seus regalos. As consolações, como tereis lido, muitas vezes as reparte Sua Majestade aos mais fracos. Todavia, creio, não as trocariam pelas fortalezas dos que se veem às voltas com as securas... Somos amigos do gozo mais que da cruz. Prova-nos Tu, Senhor, que sabes as verdades, a fim de que nos conheçamos.

---

32. *Cum feceritis omnia quae praecepta sunt vobis, dicite: Servi inutiles sumus: quod debuimus facere fecimus.* Assim, também vós, quando tiverdes feito tudo que vos foi mandado, dizei: 'Somos escravos inúteis. Fizemos apenas o que tínhamos de fazer'" (palavras de Nosso Senhor Jesus Cristo em Lc 17,10).

CAPÍTULO 2

Prossegue o mesmo assunto. Trata das securas na oração e de certas coisas que, segundo lhe parece, podem suceder. Como é mister nos provarmos a nós mesmos, e como prova o Senhor os que estão nestas moradas.

1. Reconheci algumas almas – e até julgo poder dizer várias – que chegaram a este estado e nele viveram muitos anos; mantiveram sempre esse ajustamento e correção de alma e de corpo, tanto quanto se pode entender. E ao cabo desse tempo, quando, parece, haviam já de estar com o mundo debaixo dos pés, ou, pelo menos, bem desenganadas dele, prova-as Sua Majestade com reveses não muito grandes, e ei-las tão inquietas, com o coração tão angustiado, que eu me sentia perplexa e até não pouco temerosa. Dar-lhes conselho, de nada vale, porque, ao trilharem há tantos anos o caminho da virtude, acham que podem ensinar aos outros, e que lhes assiste sobejante razão para tanto sentirem os seus males.

2. Enfim, não encontrei, nem encontro remédio para consolar tais pessoas, a não ser testemunhar-lhes grande sentimento de sua pena. E, na verdade, causa dó o vê-las sujeitas a tanta miséria! Ninguém contradiga as razões que apresentam, porquanto, no seu modo de pensar, as ajeitam a ponto de julgar que o sentem por reverência a Deus; e, assim, jamais caem em conta da sua imperfeição, o que é outro engano lamentável em gente tão adiantada. Que experimentem sentimento, não é de admirar, conquanto, em meu parecer, devesse passar mais depressa, ao se tratar de coisas temporais. Sim, porque

muitas vezes quer Deus que seus escolhidos sintam a própria miséria; para este fim, retrai um pouco seu favor, e mais não é preciso para que, sem dúvida alguma, no mesmo instante nos conheçamos. E logo se vê que é Deus quem assim os prova, porque eles compreendem suas faltas mui ao claro, e às vezes maior é seu pesar por se verem aflitos, mau grado seu, por coisas da terra, e não muito graves, do que pela própria tribulação. Neste caso, grande misericórdia lhes faz Deus, e, embora haja falta, resulta muito lucro para a humildade.

3. Nas pessoas de que falo não é assim; antes canonizam em seus pensamentos, repito, o seu modo de proceder e quereriam que os outros o canonizassem. Quero dar alguns exemplos, para que nos conheçamos e nos provemos a nós mesmas, antes que nos prove o Senhor; pois é de suma utilidade andarmos apercebidas e avisadas com antecipação.

4. Sobrevém um prejuízo material a uma pessoa rica, sem filhos e sem herdeiros a quem deixar a fazenda; mas não é de modo que lhe falte o necessário para manter a si e o decoro de sua casa, com superabundância. Se andasse com tanto desassossego e inquietação como se lhe não restasse uma migalha para comer – como lhe poderia pedir Nosso Senhor que tudo deixasse por amor dele? Aqui vem a desculpa: sente-o porque deseja ter para dar aos pobres. Quanto a mim, creio que, a essas obras de caridade, prefere Deus que eu me conforme com os acontecimentos permitidos por Sua Majestade e conserve a paz da minha alma, embora sem deixar de defender meus direitos. E se alguém não faz assim porque não o elevou o Senhor a tanto, está bem! Mas entenda ao menos que está longe de ter liberdade de espírito, e, ao reconhecê-lo, se disporá para que o Senhor lha dê, porquanto tratará de pedi-la a Sua Majestade.

Outra pessoa tem o suficiente para a sua manutenção, e até lhe sobra. Apresenta-se-lhe uma ocasião de aumentar seus haveres. Se é presente ou doação, ainda passa; mas se é para procurar novos lucros, e, uma vez adquiridos estes, sempre granjear mais e mais, seja qual for a boa intenção aparente – e deve tê-la, porque, torno a dizer, trata-se de pessoa dada à oração e à virtude –, fique certa: jamais subirá às moradas mais vizinhas do Rei.

5. Do mesmo teor é o que se passa quando a esses tais se oferece algum desdouro ou pequeno detrimento na honra. Muitas vezes, é verdade, Deus, como tão amigo de favorecer a virtude perante o público, lhes concede a graça de o suportarem bem, quanto ao exterior, para que não sofra detrimento a reputação de virtuosos em que são tidos, ou talvez em atenção a serviços passados, pois é grande a bondade deste nosso Sumo Bem; mas bem no íntimo lhes fica uma inquietação que não podem dominar, e não é tão depressa que acabam de esquecê-lo. Valha-me Deus! Não são essas as almas que há tanto tempo meditam acerca dos sofrimentos do Senhor e acham que é bom padecer, e até o desejam, e quereriam a todos tão corretos como eles no seu modo de viver? E praza a Deus não atribuam suas penas ao pesar que lhes causa a vista da culpa alheia, e com isto, em sua imaginação, as façam meritórias!

6. Parecer-vos-á, irmãs, que falo de coisas descabidas – que não vos dizem respeito e não podem aqui acontecer, porquanto não possuímos bens temporais, nem os queremos, nem procuramos granjeá-los, e não há quem nos injurie. Isto mostra como as comparações nem sempre se aplicam à letra; mas delas se tiram avisos para muitas outras coisas que podem acontecer, as quais não convém especificar, nem há motivo para fazê-lo. Pelos exemplos que dei, entendereis se estais bem desapegadas do que deixastes; porque aparecerão algumas pequenas ocasiões, embora não sejam tão palpáveis, em que muito bem vos podereis provar e entender se estais senhoras de vossas paixões. E crede-me: não está o negócio em trazer ou não o hábito religioso, e sim em procurar o exercício das virtudes, em render, a cada passo, nossa vontade à de Deus, em ordenar nossa vida de acordo com o que Sua Majestade houver por bem dispor a nosso respeito, e em não querermos

nós que se faça a nossa vontade, senão a dele. O que fazer se não tivermos chegado a este ponto? Humildade! repito. É este o unguento para as nossas chagas: porque, se formos deveras humildes, virá o cirurgião, que é Deus – embora às vezes tarde algum tempo –, e nos restituirá a saúde.

7. As penitências que fazem estas almas são tão bem calculadas quanto seu modo de proceder. Querem muito a vida, de sorte que a empregam no serviço de Nosso Senhor, o que se não pode levar a mal. O resultado é que têm grande comedimento em fazê-las, porque receiam comprometer a saúde. Não tenhais medo de que se matem, pois estão muito em seu juízo, e o amor ainda não chegou a ponto de pô-las fora de si. Quanto a nós, quisera eu que a própria razão nos levasse a não nos contentarmos com essa maneira de servir a Deus, sempre passo a passo, pois jamais chegaremos ao termo do caminho. E como, ainda por cima, temos a impressão de sempre andar, e com demasiado cansaço – pois, crede-me, é um modo de caminhar que causa extremo cansativo –, já será muito se não nos perdermos. Que vos parece, filhas? Se, viajando de uma terra a outra, pudéssemos chegar em oito dias, valeria a pena fazer esse mesmo trajeto em um ano, debaixo de neves e aguaceiros, por maus caminhos e hospedarias? Não seria preferível passar tudo de uma vez? Quanto mais que, além de todos esses incômodos, há risco de sermos acometidas por serpentes! Oh! Que boas provas poderia eu dar de que assim é! E praza a Deus tenha eu passado adiante: pois inúmeras vezes me parece que não!

8. Como vamos com tanto comedimento, tudo nos assusta, tudo nos amedronta; e assim não ousamos dar um passo avante. Como se fosse possível chegarmos nós a estas moradas, andando outros o caminho em nosso lugar! Já que isto não pode ser, esforcemo-nos, irmãs minhas, por amor de Deus! Deponhamos nas mãos do Senhor nossa razão e nossos temores e esqueçamo-nos da nossa fraqueza natural, que nos pode prejudicar muito. O cuidado destes nossos corpos fique por conta dos prelados: lá se avenham! Quanto a nós, tratemos

só de caminhar depressa para ver este Senhor. Conquanto o regalo que podeis ter seja pouco ou nenhum, poderia enganar-vos o cuidado do corpo, e nem por isso teríeis mais saúde, posso afirmar-vos. Também sei que o principal não é o rigor da penitência corporal, antes isto é o menos. Quando falo em caminhar, refiro-me a andar com grande humildade, pois, se bem o entendestes, vem da falta desta virtude, creio, o mal dos que não vão adiante. Julguemos sempre ter andado poucos passos; convençamo-nos bem desta verdade, e, pelo contrário, tenhamos por muito apressados e ligeiros os de nossas irmãs; e, por fim, cada uma não só deseje, mas procure ser tida por pior que todas.

9. Com estes sentimentos humildes, é excelentíssimo este estado; sem eles, ficaremos toda a vida no mesmo lugar, com mil penas e misérias. Com efeito, como ainda não deixamos a nós mesmas, é muito pesado e árduo este caminho, porquanto vamos muito carregadas da terra de nossa miséria; o que não acontece aos que sobem aos aposentos superiores. Nestas terceiras moradas não deixa o Senhor de pagar como justo – e ainda como misericordioso, pois sempre dá muito mais do que merecemos –, pois concede-nos contentamentos sem igual e deveras maiores do que os provenientes dos regalos e prazeres da vida. Não penso, porém, que dê muitos gostos, a não ser, vez ou outra, para convidar-nos – por meio dessa amostra do que se passa nas moradas restantes – a nos dispormos para nelas entrar.

10. Parecer-vos-á que contentamentos e gostos são uma só coisa, e perguntareis de onde vem a diferença que faço entre estes dois nomes? Em meu ver são coisas muito distintas, mas pode ser que me engane. Direi o que me for dado a entender, ao tratar das moradas quartas, que vêm depois destas, porquanto, ao haver de falar dos gostos que ali dá o Senhor, ficará mais a propósito. E, conquanto pareça destituído de proveito, pode ser útil, porque compreendereis cada graça de per si e podereis esforçar-vos por aspirar ao mais elevado. É também de muito consolo para as almas que Deus faz chegar a

este grau, e de confusão para as que imaginam ter alcançado tudo; e as que forem humildes se moverão a dar graças ao Senhor. Se tiverem alguma falta de humildade, sentirão certo dissabor interior; e sem razão alguma, pois não é mais perfeito quem tem mais gostos, e sim quem mais ama; e também o prêmio será dado a quem mais amar e melhor agir com justiça e verdade.

11. Poderíeis pensar: se é assim – como, de fato, é –, de que serve tratar dessas mercês interiores e explicar em que consistem? Não sei: perguntai-o a quem mo mandou escrever, pois não estou obrigada a disputar com os superiores, nem seria bem-feito; só tenho de obedecer. Uma coisa vos posso, porém, dizer com verdade: noutros tempos, quando eu não tinha, nem sequer conhecia por experiência, tais graças, e pensava jamais haver de conhecê-las – e, com razão, já seria muito contentamento para mim se soubesse, ou por conjecturas entendesse, que de algum modo agradava a Deus –, ao ler nos livros essas mercês e consolações concedidas pelo Senhor aos seus fiéis servos, experimentava imenso gozo, e minha alma nelas achava motivo para dar fervorosos louvores a Deus. Visto que, se a minha, apesar de tão ruim, fazia isso, quanto mais lhe louvarão as que são boas e humildes? E por uma só alma que o bendiga uma única vez, vale muito a pena, em meu parecer, relatar e fazer conhecidos os contentamentos e deleites que por nossa culpa deixamos de receber. Tanto mais que esses gozos, quando são de Deus, comunicam abundância de amor e fortaleza para podermos caminhar mais sem labor e crescer aos poucos em virtudes e boas obras. Pensai bem: muito nos importa não pormos de nossa parte impedimentos; pois, quando não é nossa a culpa, justo é o Senhor e saberá dar-nos por outros caminhos o que nos nega por este. Qual a razão disto? Sua Majestade a conhece; e são muito ocultos os seus segredos. Ao menos podemos conjecturar que, sem dúvida alguma, será o mais conveniente para nós.

12. O que me parece de sumo proveito às almas que, pela bondade do Senhor, se acham neste estado – às quais, repito, fez não pequena misericórdia, pois estão muito perto de subir mais –, é que se exercitem muito na prontidão da obediência. Ainda que não sejam consagradas a Deus na vida religiosa, ser-lhes-ia bem útil, a exemplo de muitas pessoas, ter diretor a quem acudir para em nada seguirem a própria vontade, pois, de ordinário, é esta a origem de nossos males. E não busquem a outro do mesmo gênio, como se costuma dizer, que vá com demasiado tento em tudo quanto há –, e sim a quem esteja muito desenganado das coisas do mundo. É de imenso proveito, para nos conhecermos, a comunicação espiritual com aqueles que já estão desapegados de tudo, pois cobramos muito ânimo ao ver praticados por outros – e com deveras suavidade – os sacrifícios que nos parecem impossíveis de abraçar. Dir-se-ia que, ao vê-los voar tão alto, nos atrevemos a voar também, qual filhotes das aves ao aprenderem a voar, embora não se atrevam logo a dar grandes voos, mas imitam, pouco a pouco, a seus pais. Isto é de imenso proveito; sei por mim.

Semelhantes pessoas, por mais determinadas que estejam a não ofender ao Senhor, farão muito bem de não se meterem em ocasiões de pecar, pois estão ainda perto das primeiras moradas e facilmente poderiam tornar a elas. É que não têm a fortaleza assentada em terra firme, como as almas já exercitadas em padecer, as quais já conhecem as tempestades do mundo e sabem que tão pouco devemos temê-las quanto desejar seus contentamentos. Poderiam tornar atrás, com alguma perseguição maior, como tão bem as sabe urdir o demônio para fazer-nos mal; e, movidas de bom zelo e desejosas de impedir ou remediar pecados alheios, não teriam forças para resistir às tentações que lhes sobreviessem.

13. Olhemos para as nossas faltas, e deixemos as alheias. Assim digo porque é deveras próprio de pessoas tão corretas o escandalizarem-se com tudo. E, porventura, no que é principal, teríamos demasiado a aprender daqueles em quem nos de-

sedificamos. Na compostura exterior e no trato com o próximo lhes levamos vantagem, mas estas coisas, embora louváveis, não são as mais importantes. Não há razão de querermos que todos sigam pelo nosso caminho, nem nos havemos de meter a ensinar o do espírito, que talvez nem saibamos que coisa é. De fato, com estes desejos que Deus nos dá, irmãs, do bem das almas, podemos cometer muitos erros. E, assim, o melhor é pautar nosso proceder pelo que diz nossa regra: no silêncio e na esperança procurar viver sempre[33]. O Senhor terá cuidado das almas alheias, e, contanto que não nos descuidemos nós de suplicá-lo a Sua Majestade, ser-lhes-á muito proveitoso, com seu favor. Seja Ele para sempre bendito.

---

33. Cf. Is 30,15.

Quartas moradas

Nelas há três capítulos.

CAPÍTULO 1

Trata da diferença que há entre os contentamentos e ternuras da oração e os gostos. Diz quão feliz se sentiu ao entender que a imaginação e o entendimento são duas coisas diversas. É de proveito para quem muito se distrai na oração.

1. Para começar a discorrer acerca das quartas moradas é necessário recorrer ao Espírito Santo, como acabo de fazer, e suplicar-lhe que de ora em diante fale em meu lugar, para me ser possível tratar de alguma coisa, de modo inteligível, a respeito das moradas restantes. São favores sobrenaturais e deveras difíceis de explicar, a menos que Sua Majestade se encarregue disto, como fez quando há quatorze anos[34], pouco mais ou menos, escrevi acerca do que eu até então havia entendido. Tenho agora, ao que me parece, um pouco mais de luz acerca destas mercês concedidas pelo Senhor a algumas almas; mas quanto a saber dizê-las, é coisa diferente. Faça-o Sua Majestade se disto se há de seguir algum proveito; e se não, não o faça.

2. Como já estas moradas se vão chegando para onde está o Rei, grande é sua formosura. Há coisas tão delicadas de ver e de entender, que o entendimento, com todas as suas traças, não é capaz de sugerir nem sequer uma ideia que as exprima de maneira adequada. Qualquer explicação parece bem obscura aos que não o experimentaram; mas bem o entenderá quem tiver experiência, sobretudo se for em demasia.

É natural pensar que para chegar a estas moradas é preciso ter vivido muito tempo nas outras. Entretanto, embora de

---

34. *Livro da vida*, cap. 11 a 27.

ordinário se tenha passado pela que acabamos de descrever, não é regra certa, como já tereis ouvido dizer diversas vezes, porque dá o Senhor quando, como e a quem quer. Dispõe dos bens como de coisa sua e, portanto, não faz agravo a ninguém.

3. É raro penetrarem nestas moradas os répteis peçonhentos, e, se alguma vez conseguem introduzir-se nelas, antes causam proveito do que dano. E, em meu ver, é muito melhor quando entram e fazem guerra, neste estado de oração; porquanto, se não houvesse tentações, não ganharia tanto a alma. Poderia enganá-la o demônio, misturar enganos aos gostos que dá o Senhor, e fazer-lhe muito mais mal que com as próprias tentações, de modo que desviasse todas as coisas que a podem fazer merecer, deixando-a mergulhada num embevecimento constante. Quando este embevecimento é ininterrupto, não o tenho por seguro; tampouco julgo possível, neste desterro, permanecer em nós sempre no mesmo estado o espírito do Senhor.

4. Tratemos agora do que prometi dizer-vos nestas moradas, isto é, qual a diferença que existe entre as consolações e os gostos na oração. Parece-me que se podem chamar consolações ou contentamentos os que adquirimos por meio de nossas meditações e súplicas a Nosso Senhor. Procedem de nossa natureza, conquanto – claro está – com o auxílio da graça de Deus; deste modo haveis de entender o que eu disser, pois sem Ele nada podemos. Nascem da mesma obra virtuosa que realizamos; são, de alguma sorte, fruto de nosso trabalho; e, com razão, ficamos contentes por nos termos empregado em coisas tão boas. Mas, se bem considerarmos, sente-se o mesmo contentamento em muitas circunstâncias que podem acontecer na vida; como, por exemplo, herdar de modo inesperado uma grande fortuna; avistar de súbito uma pessoa muito amada; ter levado a termo um negócio importante ou algum feito ilustre que todos engrandecem; ou ver regressar vivo um marido, irmão ou filho que se julgava morto. Tenho visto lágrimas em virtude de uma viva alegria, e até a mim já me tem isto sucedido alguma vez. Penso, pois, que, assim como são naturais estes contentamentos, tal

acontece com os que nos dão as coisas de Deus; apenas têm mais nobre origem, conquanto os outros também não sejam maus. Em suma: as consolações começam em nossa própria natureza e terminam em Deus.

Os gostos têm seu princípio em Deus e vêm a nós, e se deixam fruir com tanto gozo como os prazeres de que falei, e ainda muito mais. Ó Jesus, e que desejo tenho de saber declarar este ponto! É que bem o entendo, e parece-me haver notória diferença, mas, com meu pouco saber, não tenho capacidade para explicar o bastante. O Senhor o faça por mim.

5. Acode-me agora à lembrança um verso do último salmo que rezamos em Prima, o qual termina assim: *Cum dilatasti cor meum*[35]. Quem tiver demasiada experiência, só por estas palavras entenderá a diferença que existe entre consolações e gostos; quem a não tiver, precisará de mais algumas explicações. Os contentamentos de que falei não dilatam o coração; antes, parecem de ordinário apertá-lo um pouco, embora sem tirar a alegria que sente a alma ao ver que faz alguma coisa por Deus. Derrama, então, umas lágrimas sentidas, que parecem de certo modo provir de alguma paixão. Sou muito ignorante, e pouco sei dessas paixões da alma. Se tivesse mais saber, talvez discernisse o que procede da natureza e dos sentidos e me desse a entender, pois o compreendo pela experiência que tenho, mas não o sei declarar. Grande coisa, para tudo, é o ter ciência e letras.

6. O que sei deste estado, isto é, destes regalos e contentamentos de quem medita – e isto por mim mesma o sei –, é que, se me punha a chorar pela paixão, não acabava mais, até ao ponto de ficar com a cabeça atordoada. Se chorava por meus pecados, era a mesma coisa. E grande graça me fazia nisto Nosso Senhor, pois não quero examinar agora o que é melhor: se os contentamentos ou os gostos; quisera apenas saber exprimir a diferença que há entre uns e outros. Vezes há nas quais a natureza e a disposição em que estamos contribuem para tais

---

35. Quando dilataste meu coração (Sl 119,32).

desejos e lágrimas, mas, ainda assim, como disse, vai tudo parar em Deus. E são muito de estimar, contanto que tenhamos humildade para entender que nem por isso somos melhores, pois não há certeza de procederem de amor esses efeitos; e, ainda que a houvesse, são meros dons de Deus.

Em geral, esses sentimentos de devoção mais se encontram nas almas das moradas precedentes, porque trabalham quase de contínuo com o entendimento, e com ele se empregam em discorrer e meditar. E bem fazem, porquanto não lhes foi dado mais. Acertariam, entretanto, se ocupassem algum tempo em fazer afetos e dar louvores a Deus, gozando-se de sua bondade e de ser Ele quem é, e desejando sua honra e glória. Isto façam como puderem; serve muito para mover a vontade. E guardem este importante aviso: quando o Senhor lhes der coisas mais elevadas, não as deixeis de lado para acabar a meditação de costume.

7. Como já me estendi em demasia acerca deste assunto noutras partes[36], não o repetirei aqui. Só quero que vos compenetreis bem disto: para muito aproveitar neste caminho e subir às moradas que desejamos, o essencial não é o muito pensar, é o muito amar; e por isso escolhei de preferência o que mais vos conduzir ao amor. Talvez nem saibamos o que é amar, e não me admiro, pois não consiste em ser mais favorecido de consolações, e sim numa total determinação e desejo de contentar a Deus em tudo; em procurar o mais possível evitar qualquer ofensa; e rogar-lhe pelo aumento contínuo da honra e glória de seu Filho e pela prosperidade da Igreja Católica. São estes os sinais do amor; e não julgueis que consista a oração em não pensar noutra coisa, nem que tudo esteja perdido quando vos distraís um pouco.

8. Tenho andado algumas vezes bem aflita nesse alvoroço de distrações; e só há pouco mais de quatro anos vim a compreender, por experiência, que pensamento, ou imaginação – para melhor me dar a entender –, não é o mesmo que enten-

---

36. *Livro da vida*, cap. 12

dimento. Consultei um letrado, e confirmou-me esta verdade, o que me causou não pequena satisfação; porquanto, sendo o entendimento uma das potências da alma, causava-me muito pesar o senti-lo algumas vezes tão irrequieto. De ordinário voa o pensamento tão depressa que só Deus o pode deter quando assim nos ata na oração a ponto de parecer que a alma, de certo modo, está desatada do corpo. Via eu e constatava que as potências interiores se mantinham empregadas em Deus e recolhidas com Ele, e, por outra parte, via alvoroçado o pensamento. Ficava aturdida.

9. Ó Senhor, levai em conta o muito que se padece neste caminho por falta de saber. E o pior é que, ao imaginar que tudo consiste em pensar em Vós, nem tratamos de interrogar pessoas doutas, nem ao menos suspeitamos que haja necessidade de consultar a alguém. O resultado é passarmos terríveis trabalhos por não nos entendermos. Chegamos a considerar grande culpa o que, longe de ser mau, até é bom. Daqui procedem as aflições de muita gente que trata de oração, ao menos das que não têm letras. Queixam-se de penas interiores, tornam-se melancólicas e acabam por perder a saúde, e até deixar tudo, por falta de considerarem que há um mundo interior dentro de nós. Assim como não podemos deter o movimento dos céus, nem impedir que ande depressa, com incrível velocidade, tampouco podemos deter nosso pensamento; e, se tornamos responsáveis pelos seus desvios todas as potências da alma, logo nos parece que estamos perdidas, a empregar mal o tempo na presença de Deus. E, quem sabe? está a alma bem unida a Ele – nas moradas mais vizinhas da sua – enquanto a imaginação vagueia pelos arrabaldes do castelo, padecendo, às voltas com mil répteis malignos e peçonhentos, e merecendo este padecer. Fique, pois, assentado: isto não nos deve perturbar, nem ser motivo para deixarmos a oração –, como bem o quisera o demônio. Pela maior parte, desta falta de nos entendermos a nós mesmos provêm todos os trabalhos e inquietações.

65

10. Enquanto escrevo, considero o que se passa em minha cabeça. É, como disse no princípio, um grande ruído, que me tornou quase impossível escrever isto que me mandaram. Tenho a impressão de haver nela muitos rios caudalosos, cujas águas se despenham; ouço um bando de passarinhos e também silvos, não com os ouvidos corporais, senão no alto da cabeça, onde, segundo dizem, reside a parte superior da alma. Assim pensei durante muito tempo, por me parecer que o grande movimento do espírito subia para o alto com velocidade. Aqui não fica bem o explicar a causa disto; praza a Deus me lembre eu de fazê-lo nas moradas seguintes. Não duvido muito de que o Senhor me tenha querido dar este sofrimento para melhor me esclarecer. De fato, todo este alvoroço na cabeça não me estorva a oração nem me impede de escrever; antes, está bem engolfada a alma em sua quietação, e amor, e desejos, e claro conhecimento.

11. Mas se está a parte superior da alma no alto da cabeça –, como não se perturba? Isto não sei, mas asseguro que digo a verdade. Sofre quando não é oração em que fique suspensa; mas ao haver suspensão, durante todo tempo que dura, nenhum mal sente. O pior seria deixar tudo por causa dessas dificuldades. Não nos perturbemos, pois, com os pensamentos, nem façamos caso deles. Só com esta nossa atitude desaparecerão, se vierem do demônio; e se procederem da miséria herdada com muitas outras em consequência do pecado de Adão, o remédio é ter paciência e sofrer por amor de Deus. Assim também nos vemos constrangidas a comer e dormir, sem o podermos escusar –, o que é não pequeno trabalho.

12. Reconheçamos nossa miséria e suspiremos pela mansão *onde ninguém nos despreze*.[37] Recordo-me algumas vezes destas palavras da Esposa do Cântico, e em verdade não acho neste desterro ocasião em que seja mais justo repeti-las, pois todos os desprezos e trabalhos que podem surgir na vida são

---

37. Alusão à passagem de Cântico dos Cânticos: *Et jam me nemo despiciat* (Ct 8,1).

incomparáveis, em meu ver, com estas batalhas interiores. Seja qual for, como já vos disse, o desassossego, e mesmo a guerra, tudo se pode aguentar quando no interior, onde vivemos, se encontra a paz. Quando, porém, suspiramos por descansar dos mil trabalhos tão frequentes no mundo, e o Senhor, de seu lado, nos quer aparelhar o descanso, e esbarramos com o estorvo que há em nós mesmas –, eis o que não pode deixar de ser muito penoso e quase insofrível. Por esta causa – levai-nos, Senhor, para onde não nos desprezem essas misérias, que parecem algumas vezes escarnecer da alma!

Deste tormento só a livra o Senhor neste mundo quando a introduz na última morada, como adiante diremos, se for Deus servido.

13. Nem a todos talvez acometam e aflijam tanto essas misérias, como durante muitos anos aconteceu comigo, por ser tão ruim. Dir-se-ia que eu me queria vingar de mim mesma. Como tão penoso fora para mim este suplício, penso que o poderá ser também para vós, e por isso o repito a toda hora, na esperança de afinal conseguir dar-vos a entender que é coisa inevitável e, portanto, não vos deve inquietar nem afligir. Deixemos andar a taramela do moinho, e continuemos a moer nossa farinha – por meio do exercício do entendimento e da vontade.

14. Há mais e menos neste tormento das distrações, de acordo com a saúde e a variedade dos tempos. Padeça-o, pois, a pobre alma, ainda quando não tiver culpa; outras faltas terá, pelas quais justo é sofrer com paciência. E, porque não nos bastam os livros nem os conselhos para deixarmos de fazer caso desses sentimentos, a nós, que temos pouco saber, não se me afigura perdido todo o tempo que emprego em vo-lo declarar com o fim de vos consolar neste ponto. Mas, confesso, de pouco serve até que o Senhor se digna de dar-nos luz. Entretanto, é preciso – e assim o quer Sua Majestade – que busquemos meios de nos instruir, e não culpemos a pobre alma daquilo que procede da fraca imaginação, da natureza e do demônio.

CAPÍTULO 2

Continua a tratar do mesmo assunto. Por meio de uma comparação explica o que são os gostos e diz como os alcançamos sem os ter procurado.

1. Valha-me Deus! No que me fui meter! Já havia esquecido o assunto, porque os negócios e a falta de saúde me obrigam a deixar tudo, no melhor da festa, e, como tenho pouca memória e não posso reler o que escrevo, tudo vai desacertado. E talvez seja total desacerto tudo quanto digo; ao menos é a impressão que tenho.

Ao discorrer acerca das consolações espirituais, parece-me ter dito que, por vezes, trazem alguma mistura de nossas paixões, visto serem alvoroços e soluços. Certas pessoas, segundo ouvi dizer, sentem o peito como apertado; fazem movimentos exteriores que não podem conter; chega a lhes escorrer sangue pelo nariz e a padecer outros penosos acidentes em consequência dos ímpetos que experimentam. Quanto a isto nada sei dizer porque nunca o senti; mas penso que deve causar consolação, pois, repito, tudo vai parar em desejos de contentar a Deus e gozar de Sua Majestade.

2. Os gostos de Deus a que me referi – dando-lhes em outra parte o nome de oração de quietação –, são deveras distintos, como o entendereis vós que, pela misericórdia de Deus, os tendes experimentado. Para melhor compreensão, imaginemos duas fontes que abastecem e enchem de água duas pias. Nada me parece mais a propósito para dar a entender certas matérias espirituais do que a água. A razão é que, por pouco saber e não possuir engenho que preste, tenho olhado com mais

diligência este elemento, por ser muito amiga dele. Em todas as coisas criadas por um Deus demasiado grande e sábio, deve haver, aliás, infindos segredos de que nos podemos aproveitar, e assim fazem os entendidos: mas, a meu ver, ninguém é capaz de penetrar tudo quanto se encerra na menor criatura de Deus, ainda que seja uma diminuta formiga.

3. De modo diverso são abastecidos esses dois reservatórios. Um recebe de longe a água, por meio de aquedutos feitos por mãos de homens. O outro brota na própria nascente, e se enche sem nenhum ruído; e, quando é caudaloso o manancial – como este de que tratamos –, transborda depois de cheio e forma um grande arroio, sem necessidade de artifício. Sempre mana água, não depende de aquedutos.

Semelhante diferença existe entre os contentamentos e os gostos. Os que, segundo disse, resultam da meditação, podem comparar-se à água trazida por encanamentos, porquanto os despertamos por meio de reflexões quando meditamos acerca das criaturas e exercitamos a mente; e como, em suma, nos vêm por nossas diligências, fazem ruído quando enchem de proveito a alma, como ficou dito.

4. Nesta outra fonte, de que pretendo tratar, vem a água de sua própria nascente, que é Deus; e assim, quando Sua Majestade é servido de conceder alguma mercê sobrenatural, faz brotar imensa paz, quietação e suavidade do mais íntimo da alma. Não sei dizer para onde vai essa água, nem como brota; tampouco esse contentamento e deleite que, ao menos no princípio, se sente no coração, como os que da terra se fazem sentir; só depois é que enche tudo. Corre essa água por todas as moradas e potências, até chegar ao corpo, e por esta causa disse eu que em Deus começa, e em nós termina. O certo é que todo o homem exterior goza deste deleite e suavidade, como verá quem dele tiver fruído.

5. Enquanto escrevo, vem-me à lembrança que nesse versículo, *Dilatasti cor meum*[38], diz o profeta que se lhe dilatou o

---

38. Dilataste-me o coração (Sl 119,32).

coração; mas não me parece que daí proceda o gozo, senão de outro lugar ainda mais interior –, qual de um abismo profundo. Deve ser, creio, o centro da alma, segundo depois vim a entender e pretendo explicar mais tarde. Confesso: vejo tantos segredos em nós mesmos que muitas vezes fico espantada. E quantos outros devem existir! Ó Senhor meu e Deus meu, quão magníficas são vossas grandezas! E andamos neste mundo como uns pequenos zagais bobos que imaginam penetrar até certo ponto o que sois, e, na realidade, deve ser quase nada, pois mesmo em nós há grandes segredos que não entendemos. Digo: quase nada, em comparação ao excelso, ao infinito que há em Vós; não porque não sejam muito sublimes as grandezas que vemos em vossas obras, apesar de ser tão limitada a nossa compreensão.

6. Tornando ao versículo, penso que pode aplicar-se ao meu assunto para dar a entender aquela dilatação produzida pela água celeste deste manancial que há no mais profundo de nós mesmos. Pouco a pouco ela dilata e alarga todo o nosso interior e produz bens indizíveis; nem a própria alma favorecida é capaz de entender o que ali recebe! Delicia-se com tal fragrância como se naquele abismo íntimo – imaginemos assim – houvesse um braseiro onde se lançassem a arder perfumes deveras aprazíveis. Não vê fogo, nem sabe onde arde, mas o calor e os vapores aromáticos penetram a alma toda, e ainda, não raro, estendem-se também ao corpo. Reparai e compreendei meu pensamento: não se sente quentura nem olor. Emprego essas expressões para vo-lo dar a entender, porém são coisas muito mais delicadas. E quem não o experimentou, não duvide: creia que é verdade e de fato assim acontece. A alma favorecida o entende com mais clareza do que o explico neste momento. Não é coisa que se possa imaginar, pois, com todas as nossas diligências, não conseguimos adquiri-la, o que é prova de não ser do nosso metal, e sim do mais puro ouro da sabedoria divina.

Aqui não estão unidas, em meu ver, as potências; andam embebidas e como espantadas, a olhar o que será aquilo.

7. Poderá haver alguma contradição, nestas coisas interiores, entre o que agora digo e o que escrevi há mais tempo. Não é de admirar, pois, em perto de quinze anos[39] que decorreram, parece-me ter recebido do Senhor mais luzes para entendê-lo. Posso, aliás, estar errada, tanto agora como então; mas falo o que entendo, não minto. Isto não! Pela misericórdia de Deus, preferiria morrer mil vezes!

8. Bem me parece que a vontade deve de algum modo estar unida à de Deus; mas nestas graças de oração só se vem a conhecer a verdade, pelos efeitos e obras, depois que não há melhor crisol para as provar. É não pequena mercê de Nosso Senhor se quem a recebe a conhece; e muito maior se não torna atrás depois de tê-la recebido.

Haveis logo de querer, filhas minhas, procurar ter esta oração, e pensais bem, pois torno a dizer, a própria alma não pode compreender de todo as mercês que então lhe faz o Senhor e a ternura com que, pouco a pouco, a chega para mais perto de si. É justo, pois, desejar saber como alcançaremos tão grande favor. Vou dizer-vos o que tenho entendido a este respeito.

9. Não falo de certos casos em que apraz ao Senhor concedê-lo somente porque Sua Majestade assim quer, sem outra razão. Ele sabe por que assim o faz: não nos temos que intrometer com isso. Exercitemo-nos do mesmo modo que os habitantes das moradas precedentes; e depois: humildade, humildade! Por meio desta é que o Senhor se deixa render a tudo quanto dele queremos. E o primeiro indício para verdes se sois humildes é se vos julgais indignas de receber estes gozos e mercês do Senhor e pensais nunca haver de experimentá-los em toda a vossa vida.

Dir-me-eis que, dessa maneira, sem os procurardes, como os haveis de alcançar? Respondo que não há meio melhor que o sobredito – que é não procurar –, e isto pelas seguintes ra-

---

39. Escreveu o *Livro da vida* em 1562 e *Castelo interior ou Moradas* em 1577.

zões. A primeira é que, antes de tudo, a condição essencial é amar a Deus sem interesse. A segunda, porquanto não deixa de ser pouca humildade, é o pensar que, por nossos miseráveis serviços, havemos de obter tão alto favor. A terceira, porquanto a verdadeira preparação para estes favores é o desejo de padecer e de imitar ao Senhor, e não o ter gostos; porque, afinal de contas, nós o temos ofendido. A quarta é que não está Sua Majestade obrigado a concedê-los, assim como a dar-nos a Glória se guardarmos seus mandamentos; pois sem tais mercês não nos poderemos salvar, e, melhor que nós, sabe o Senhor o que nos convém, e conhece quem o ama de verdade. Quanto a mim, sei, e é bem certo, que há pessoas – e eu mesma conheço algumas – que vão pelo caminho do amor como se deve ir, e só anelam por servir a seu Cristo crucificado, e não só não desejam nem pedem gostos, mas, antes, suplicam-lhe que não lhos dê nesta vida. É a pura verdade. A quinta, porquanto seria trabalhar em vão; esta água não vem canalizada por aquedutos como a precedente, e, quando não brota do manancial, de pouco servem nossos esforços. Quero dizer: por mais que meditemos, e ainda que consigamos derramar lágrimas com as nossas diligências, não é por tais encanamentos que vem esta água. Só jorra quando Deus quer, e muitas vezes quando mais descuidada está a alma.

10. A Ele pertencemos, irmãs: faça de nós o que lhe aprouver; leve-nos por onde for servido. Bem creio que não deixará o Senhor de nos fazer esta mercê, e outras muitas que nem saberemos desejar, se de verdade formos humildes e desapegadas. De verdade, sim, porque não há de ser fruto da imaginação, a qual muitas vezes nos engana, senão desapego universal. Seja o Senhor louvado e bendito para sempre. Amém.

CAPÍTULO 3

Em que explica a oração de recolhimento, a qual costuma dar o Senhor antes da sobredita, que é a dos gostos divinos. Diz os efeitos de uma e de outra.

1. Esta oração de que tratei traz consigo grandes efeitos, dos quais direi alguns. Antes dela, porém, costuma em geral haver outra, da qual falarei primeiro, embora com brevidade, por já ter tratado desta matéria em outros lugares[40]. É um recolhimento que me parece também sobrenatural. Não consiste em estar às escuras, nem em cerrar os olhos, nem em coisa exterior alguma, conquanto, mesmo sem querer, se faça isto: de os fechar e buscar solidão. Dir-se-ia que, sem nenhum artifício humano, lavra-se o palácio para a oração de que atrás falei; porquanto os nossos sentidos e as coisas exteriores parecem pouco a pouco perder seus direitos, ao passo que a alma recupera os dela, que havia perdido.

2. Dizem alguns autores que a alma entra dentro de si mesma; outros, que sobe e se eleva acima de si. Com estes termos não sei exprimir nada. Tenho este defeito: penso que, ao dizer as coisas como sei, dou-me a entender, e quiçá seja claro só para mim. Façamos de conta que os sentidos e as potências – os quais, na comparação de que me sirvo para explicar algumas destas verdades, são a gente deste castelo – desertaram dele e andam, há dias e anos, metidos com gente estranha e inimiga; mas por fim, reconhecendo sua perdição, já se vêm aproximando, embora não se resolvam a entrar em

---

40. *Livro da vida*, cap. 16 e *Caminho de perfeição*, cap. 28 e 29.

definitivo, porque terrível coisa é o mau costume. Contudo, já não são traidores, pois ficam a rondar pelos arredores. Vendo-os animados e de boa vontade, por sua grande misericórdia, o grande Rei que reside no interior deste castelo determina chamá-los a si. Como bom pastor, com um assobio tão suave que ainda eles mesmos quase o não percebem, faz com que, ao reconhecerem sua voz, não andem tão perdidos e voltem à antiga morada. E tanta força sobre eles tem este assobio pastoril, que desamparam as coisas exteriores em que andavam distraídos e se metem no castelo.

3. Parece-me que nunca o dei a entender tão bem como agora. O certo é que, para buscar a Deus no íntimo da alma, onde melhor o encontramos, e com mais proveito que nas criaturas – a exemplo de Santo Agostinho[41], que o achou em si depois de o ter procurado em muitas partes –, grande ajuda é o receber do Senhor esta mercê. E não julgueis alcançá-la por meio do entendimento ou da imaginação, esforçando-vos por pensar que Deus está dentro de vós, ou figurando-o presente em vosso interior. Bom e excelente é este modo de meditar, porque se funda sobre esta grande verdade: que Deus está dentro de nós mesmos; mas cada um pode fazer assim, bem entenda-se, com o favor de Deus. Não se trata só disso; o que digo é de outro gênero. Algumas vezes, antes mesmo de se começar a pensar em Deus, eis toda a gente no castelo. Por onde, ou como ouviram o silvo do pastor? Não sei. Pelos ouvidos não foi, porquanto nada se ouve. Mas sente a alma – pois é impossível ter qualquer resquício de dúvida – um recolhimento suave que a chama ao interior, como verá quem o experimenta. Melhor não o sei explicar. Tenho ideia de haver lido que é semelhante ao que fazem o ouriço ou a tartaruga quando se retiram dentro de si[42]. Devia

---

41. *Confissões*, livro 10, cap. 27.
42. Refere-se ao *Terceiro abecedário espiritual*, de Frei Francisco de Osuna, livro que muito a ajudou a exercitar-se na oração de recolhimento, como se vê no *Livro da vida*, cap. 4.

entendê-lo bem, quem isto escreveu. Todavia, há esta diferença: eles se retraem quando lhes apraz, e aqui não depende de nosso querer; é só quando se digna Deus outorgar esta mercê. Tenho para mim que quando Sua Majestade a concede a certas pessoas, o faz àqueles que já deram de mão às vaidades do mundo, senão por obra – pois alguns em razão de seu estado não podem –, ao menos pelo desejo. Deste modo, as convida mormente para que estejam atentas ao seu interior. E assim creio que, se houver correspondência, não se limitará Sua Majestade a dar só isto a esses que já começa a chamar a coisas mais elevadas.

4. Louve-o muito quem reconhecer em si tal mercê, porquanto é demasiado justo tê-la em grande conta; e as ações de graças que se dão por ela servem para dispor a outros maiores favores. Prepara também a alma a saber escutar a Deus, segundo lemos em alguns autores que aconselham a procurar não discorrer e a conservá-la atenta às operações divinas. Quanto a mim, não posso entender ao certo como seria possível deter o pensamento de modo que não produzisse antes dano que proveito, exceto se já começou Sua Majestade a embeber-nos. A este respeito houve uma contenda deveras copiosa entre várias pessoas espirituais, e – confesso minha pouca humildade – nunca me deram razão capaz de me render à opinião deles. Um deles me alegou certo livro do santo Frei Pedro de Alcântara. Tenho-o em conta de santo, e a ele me renderia, pois sei que era mestre. Fomos ler juntos suas palavras, e vimos que, embora usasse de termos diferentes, pensava como eu, e bem o dá a entender quando diz que já há de estar em ebulição o amor[43]. Pode ser que eu me engane, mas fundo-me nas razões seguintes.

---

43. No *Tratado da Oração e Meditação*, aviso oitavo, ao ensinar o modo de fazer da meditação degrau que propicie subida à contemplação, diz São Pedro de Alcântara: "Daqui se depreende uma coisa geralmente ensinada por todos os mestres da vida espiritual (embora pouco entendida dos leitores), e é que: assim como alcançado o fim cessam os meios, e atingido o porto suspende-se a navegação, assim também quando, mediante o trabalho da meditação, chega o homem ao

5. A primeira é que, nesta obra espiritual, quem menos imagina e pretende fazer, mais faz. Nossa atitude deve ser a de pobres necessitados que, diante de um grande e rico imperador, pedem e logo baixam os olhos e, com humildade, esperam. Quando o Senhor, por seus secretos caminhos, dá mostras de nos ouvir, então bem que nos calemos e procuremos não exercitar o entendimento, tanto quanto possível, pois Ele nos admite junto de si. Mas se nenhum sinal temos de que este rei nos vê e ouve, não havemos de ficar como bobos. Deste modo se porta a alma quando procura não agir; e sente muito mais secura e, quiçá, mais inquieta a imaginação, em virtude da força que fez para não pensar em nada. Não seja assim: quer o Senhor que lhe peçamos e nos consideremos em sua presença. O que nos convém, Ele o sabe. Não posso aprovar engenhos humanos em coisas às quais parece ter posto limites Sua Majestade, reservando-as para si. Muitas outras há que podemos praticar, com sua ajuda, até onde alcança a nossa miséria, tais como penitência, boas obras e oração.

6. A segunda razão é que estas operações são muito suaves e pacíficas; e do inventarmos coisas penosas resulta maior dano que proveito. Chamo penosa qualquer violência que nos queiramos fazer, como, por exemplo, deter a respiração. O me-

---

repouso e gosto da contemplação, deve, enquanto durar, abster-se de suas piedosas e árduas reflexões e contentar-se com uma simples vista e memória de Deus, como se o tivesse presente, e gozar daquele afeto que se lhe dá, seja de amor, de admiração, de alegria ou de outra coisa semelhante. A razão deste conselho é que todo o fim da oração consiste mormente no amor e nos afetos da vontade, e, já estando ela presa e tomada deste sentimento, convém escusar todos os discursos e especulações da inteligência, quanto nos for possível, para que, em amar, se empregue nossa alma com todas as suas forças, sem mais se dividir pelos atos das outras potências. E por isso aconselha um Doutor, que, ao sentir o homem inflamar-se de amor de Deus, deve logo abandonar todos os discursos e pensamentos, por mais altos que lhe pareçam; não que sejam maus, senão porque em tal conjuntura servem de empecilhos a outro bem maior. Não é isto outra coisa mais do que parar o movimento, visto chegar ao termo, e deixar a meditação por amor da contemplação".

lhor é deixar-se nas mãos de Deus, com a maior submissão à Divina Vontade, num total descuido do proveito próprio, tanto quanto se puder. Faça Ele de nós o que for de seu agrado.

A terceira é que a própria preocupação de não pensar em nada será talvez para a imaginação motivo de se desmandar mais.

A quarta é: o mais substancial e agradável a Deus é que nos lembremos de sua honra e glória e esqueçamo-nos de nós mesmos e de nosso proveito, regalo e gosto. Ora, como poderá estar descuidado de si quem fica tão preocupado que nem se ousa mexer, nem sequer permite a seus pensamentos e desejos que se movam a desejar a maior glória de Deus e a alegrar-se com as grandezas divinas? Quando apraz a Sua Majestade suspender o entendimento, ocupa-o de outra maneira: dá-lhe conhecimentos e luzes tão acima do que podemos alcançar a ponto de fazê-lo quedar-se absorto; e então, sem saber como, muito mais lhe fora ensinado do que à força de todas as diligências humanas, que, nesse caso, fariam tudo perder. Uma vez que o Senhor nos deu as potências para trabalharmos com elas, e este trabalho tem seu prêmio, não vejo razão para sujeitá-las com encantamentos. Deixemo-las fazerem seu ofício, até que o Senhor as promova a outro maior.

7. O modo de proceder mais conveniente à alma a quem aprouve ao Senhor meter nesta morada, segundo me parece, é fazer como digo. Procure atalhar os discursos do entendimento, não, porém, suspendê-lo, nem se abster de pensar; antes, é bom recordar-se de que está na presença de Deus e compenetrar-se de quem é esse Deus. Se, com o mesmo que sente em si, ficar embebida, fique-o, em boa hora; mas não procure entender o que é, porquanto esse dom se dirige à vontade. Deixe-a gozar, sem nenhum engenho, apenas com algumas palavras amorosas. Neste ponto, embora não procuremos estar sem pensar nada, assim ficamos muitas vezes, porém por tempo demasiado breve.

8. Nesta oração de recolhimento não se há de deixar a meditação nem o trabalho da inteligência. Deveria eu tê-la

mencionado antes da outra de que tratei primeiro, que é a dos gostos divinos, pois é muito inferior, conquanto seja princípio para a ela chegar. Torno agora ao modo de oração de que tratei no começo desta morada. Como disse alhures[44], não é água trazida por aquedutos: jorra da fonte e manancial, e é esta a causa de se deter o entendimento. Por melhor dizer, é ele detido; vê que não entende o que quer, e assim anda de cá para lá, como tonto, e em nada faz assento. A vontade, pelo contrário, tamanha é a quietação tem em seu Deus, que muito lhe pesa esse bulício espiritual. Não deve fazer caso, pois seria perder muito do que está a gozar: deixe-o a ele, e deixe-se a si nos braços do amor, que Sua Majestade lhe ensinará o modo de agir. Este se resume, quase por completo, em achar-se indigna de tanto bem e empregar-se em ação de graças.

9. Por tratar da oração de recolhimento, deixei para este lugar os efeitos ou sinais que se observam nas almas às quais Deus Nosso Senhor favorece com os gostos divinos. Ao claro se entende um dilatar-se ou alargar-se da alma –, à semelhança de uma fonte lavrada de tal maneira que não deixasse correr para o exterior as águas; antes, à medida que manasse com mais abundância, tornar-se-ia mais ampla e mais capaz. Assim parece acontecer nesta oração, além de outras muitas maravilhas que opera Deus na alma com o fim de habituá-la e dispô-la para que nela deposite a plenitude de suas graças. Com essa dilatação e suavidade interior, já não fica ela atada como dantes às coisas do serviço de Deus, anda com muito mais liberdade! Não vive imprensada com o medo do inferno; perde o temor servil e, embora fique mais temerosa de ofender a Deus, experimenta grande confiança de que o há de gozar. Já não tem, como dantes, receio de fazer penitência e vir a perder a saúde: já lhe parece que, em Deus, tudo poderá, e sente mais desejos de fazê-la do que até então. A repugnância aos trabalhos, que de hábito sentia, já se modera, porquanto, ao

---

44. *Caminho de perfeição*, cap. 31.

ter fé mais viva, entende que, se os passar por Deus, lhe dará Sua Majestade graça para sofrê-los com paciência. Chega até a desejá-los, de quando em quando, pela grande vontade que lhe fica de fazer por Deus alguma coisa. Como, aos poucos, melhor conhece as grandezas divinas, já se tem em conta de mais miserável; por haver provado os gostos de Deus, vê que os do mundo não são mais que cisco; e, pouco a pouco, aparta-se deles, sentindo-se mais senhora de si para calcá-los aos pés. Fica, em suma, melhorada em todas as virtudes, e não deixará de crescer, caso contrário, tornar atrás. Sim, porque tudo perderá se voltar a ofender a Deus –, por mais que se tenha elevado até ao cume. Não quero dizer que por uma ou duas vezes que faça Deus estas mercês, resultem todos estes frutos. Cumpre ir perseverando para continuar a recebê-las, pois, na perseverança, encerrado está todo o nosso bem.

10. De uma coisa quero avisar muito a quem se vir neste estado: guarde-se de modo excepcional das ocasiões de ofender a Deus. É que neste ponto ainda não está criada a alma: é semelhante a uma miúda criança que começa a alimentar-se do leite materno. Se se apartar do peito de sua mãe, que se pode esperar para ela senão a morte? Tenho grande receio de acontecer o mesmo a quem se apartar da oração depois de haver recebido de Deus este favor, a menos que seja por motivo deveras justo e que torne de pronto a Ele. A não fazer assim, irá de mal a pior. Sei que há muito que temer neste caso. Algumas pessoas conheço que me causam grande lástima; nelas testemunhei o que digo, por se haverem apartado de quem com tanto amor se lhes queria dar por Amigo, como bem o mostrava por obras. Dou com tanto empenho este aviso de que não se ponham em ocasiões, porque mais questão faz o demônio de ganhar uma destas almas, do que inúmeras outras não favorecidas pelo Senhor com iguais mercês. É que lhe podem acarretar grande prejuízo, levando outras atrás de si, e são capazes de produzir muito fruto na Igreja de Deus. Basta, aliás, ao inimigo ver o particular amor que lhes mostra Sua Majestade, ainda que não

houvesse outras razões, para que ponha tudo em jogo com o fito de fazer com que se percam. Deste modo, são muito combatidas, e muito maior será para elas a perdição do que para outras almas se vierem a transviar-se.

Vós, irmãs, estais livres desses perigos, tanto quanto podemos julgar. Deus vos livre de soberba e vanglória; e também das ilusões do demônio, que pretende contrafazer estas mercês, mas logo se dá a conhecer, porquanto não produz os sobreditos efeitos, senão tudo ao contrário.

11. Embora já o tenha dito noutra parte, quero precaver-vos contra um perigo em que tenho visto caírem pessoas de oração, mormente as mulheres, pois, como mais fracas, mais sujeitas somos ao que vou dizer. E é que algumas, pela muita penitência e oração e frequentes vigílias, e mesmo sem isto, são débeis de compleição. Quando têm algum regalo, logo se lhes rende a natureza; e, como sentem no interior a consolação e no exterior a fraqueza, e até desfalecimento, ao haver o sono chamado espiritual, que é uma graça um pouco superior à que deixei dita, tomam tudo aquilo como vindo de Deus e deixam-se embevecer. E quanto mais se entregam, mais embebidas ficam, porque mais se lhes enfraquece o natural; e imaginam que é arroubamento. Quanto a mim, chamo-o abobamento, que não é outra coisa senão perder tempo e gastar saúde.

12. A certa pessoa acontecia ficar oito horas nesse estado, no qual nem se perde o sentido nem se tem noção de Deus. Trazia enganado o confessor e a muitos outros, e ainda a si mesma, embora não tivesse intenção de enganar. Houve quem a entendesse, e, tendo-lhe mandado comer, dormir e não fazer tanta penitência, desapareceu tudo. Bem creio que o demônio entrou nesse caso, com o olho em algum lucro; e já ia começar a recolher não pouco.

13. Entenda-se bem: quando se trata de verdadeira mercê de Deus, embora haja desfalecimento interior e exterior, a alma não desfalece, antes, tem altos sentimentos ao ver-se tão junta de Deus. Também não dura tanto, é muito breve. É verdade

que torna a embeber-se, mas esta oração, a não ser por fraqueza, como já disse, não chega a ponto de abater o corpo, nem nele produzir efeitos exteriores. Ficai, portanto, de sobreaviso, e quando sentirdes essas coisas, distraí-vos como puderdes e dai logo conta à prelada. Esta veja que tais irmãs não tenham tantas honras de oração; procure que rezem pouquinho e durmam e comam bem, até que recobrem as forças naturais, se por demasiada penitência as perderam. Se alguma for de tão débil compleição que não lhe bastem estes cuidados, creiam-me: Deus a quer somente para a vida ativa, pois de tudo há de haver nos mosteiros. Ocupem-na em ofícios e sempre usem de precauções para que não tenha muita solidão, pois, do contrário, virá a perder a saúde. Não pequena mortificação será para ela; mas quer o Senhor experimentar se, em verdade, o ama, pelo modo com que suporta a sua ausência divina. Será talvez servido de lhe restituir as forças, depois de algum tempo; se o não fizer, ela ganhará com a oração vocal e a obediência, e merecerá por aqui o que havia de merecer por outros caminhos, e, porventura, ainda mais.

14. Também poderia haver algumas tão fracas de cabeça e de imaginação – como já tenho visto –, que lhes parecesse ver tudo quanto imaginam. É grande perigo. Como disto tratarei talvez adiante, não me estenderei mais, que já muito me tenho alargado. É que é esta a morada em que, em meu ver, entra o maior número de almas; e também, como nela o natural está junto com o sobrenatural, é onde mais poder tem o demônio para prejudicar. Nas outras a respeito das quais discorrerei, não lhe dá o Senhor tanta entrada. Seja Deus louvado para sempre! Amém!

Quintas moradas

Nelas há quatro capítulos.

CAPÍTULO 1

Começa a declarar como na oração se une com Deus a alma. Diz como se conhece não ser engano.

1. Ó irmãs, como vos poderei eu dizer a riqueza, os tesouros e deleites que há nestas quintas moradas? Destas e das que restam por tratar, melhor fora nada dizer, penso eu, pois não há quem saiba delas discorrer; nem o entendimento é capaz de conhecê-las, nem há comparações adequadas para declará-las, pois demasiado pequenas são as coisas da terra para tão elevado fim. Enviai-me, Senhor meu, luz do céu para que eu possa esclarecer algum tanto estas vossas servas, e, já que sois servido de que algumas delas gozem tão de ordinário destas delícias, não sejam elas enganadas pelo demônio, que se transfigura por vezes em anjo de luz; pois todos os seus anelos se empregam em desejar contentar-vos.

2. Algumas gozam, disse: todavia, bem poucas há que não entrem nesta morada de que vou tratar; porque, visto haver nela mais e menos, posso com razão afirmar que na maior parte aqui sois introduzidas. Bem poucas receberão certas mercês que há neste aposento, disto estou certa; mas ainda que não seja senão o chegar à porta, grande misericórdia é de Deus. Embora sejam muitos os chamados, poucos são os escolhidos[45]. Assim digo eu agora: todas nós que trazemos este sagrado hábito do Carmo somos chamadas à oração e contemplação, porque foi este o nosso princípio e descendemos da casta daqueles nossos santos Padres do Monte Carmelo que em tão grande soledade

---

45. Mt 22,14: *Multi enim sunt vocati, pauci vero electi.*

e com tanto desprezo do mundo buscavam este tesouro, esta pérola de que tratamos. Todavia, poucas dentre nós nos dispomos para que o Senhor no-la faça encontrar. Sim, porquanto no exterior estamos em boas condições para chegar ao termo, mas no que se refere às virtudes ainda nos falta demasiado, e é preciso não nos descuidarmos nem pouco nem muito. Por conseguinte, irmãs minhas, tende ânimo e pedi ao Senhor que, pois de algum modo podemos gozar do céu na terra, dê-nos seu favor a fim de não o desmerecermos por nossa culpa; e nos mostre o caminho, e nos conceda forças à alma para cavarmos até encontrar esse tesouro escondido que, na verdade, está dentro de nós mesmas. Isto quisera eu dar a entender, se o Senhor se dignar ensinar-me.

3. Forças à alma, disse eu; para compreenderdes que não fazem falta as do corpo quando Nosso Senhor não as concede. Ele a ninguém veda a aquisição de suas riquezas: dê cada um o que tem, e o Senhor se contentará. Bendito seja tão grande Deus! Mas prestai atenção, filhas: neste grau de que tratamos, não tolera o Senhor a mínima reserva: quer tenhais muito, quer pouco, exige tudo para si. Conforme o que tiverdes dado – e isso vo-lo dirá a consciência –, ser-vos-ão feitas maiores ou menores mercês. Não há melhor prova para conhecer se nossa oração chegou, ou não chegou, até à união total. Não penseis que seja semelhante a um sonho, como a oração passada; digo sonho, porquanto na quietação a alma parece estar adormecida: nem bem dorme, nem bem se sente desperta. Aqui, apesar de estarmos de todo adormecidas, e deveras adormecidas às coisas do mundo e a nós mesmas –, porque, de fato, se fica decerto como sem sentidos durante o pouco tempo que dura, aqui não há poder pensar, ainda que se queira, nem é mister suspender com artifício os pensamentos.

4. Até no amar, assim acontece à alma: se o faz, não entende como, nem o que ama, nem o que deseja. Em suma, está como quem morreu por inteiro ao mundo para viver mais em Deus. Morte saborosa, que é um arrancar-se a alma a todas as

operações próprias de quem está ainda unida ao corpo. Morte deleitosa, porquanto parece decerto apartar-se dele a alma a fim de melhor viver em Deus. É de tal maneira que nem sei se lhe resta vida para respirar. Ao agora refletir, parece-me que não; ao menos, se respira, não se entende que o faz. Quisera o entendimento empregar-se todo em compreender alguma parte do que sente, mas, como suas forças não o alcançam, fica atônito. Não se perde de todo, mas não meneia pé nem mão, como se costuma dizer de uma pessoa tão inerte que nos parece morta.

Ó segredos de Deus! Não me cansaria de procurar dar-vos a entender estas grandezas, se tivesse esperança de atinar de algum modo; e assim mil desatinos direi, com o fim de ver se alguma vez acerto, para que demos muitos louvores ao Senhor.

5. Esta oração não é como um sonho, segundo já discorri. Com efeito, na morada anterior, até ser muita a experiência, fica a alma em dúvida acerca do que foi aquilo: se fora efeito da imaginação, se fora algum sonho, se fora mercê de Deus, ou ilusão do demônio transfigurado em anjo de luz. Surgem mil suspeitas, e é bom havê-las, porquanto, repito, nesse ponto até o nosso próprio natural nos pode enganar alguma vez, e, embora não tenham aí muita entrada os répteis peçonhentos, entram umas miúdas lagartixas muito delgadas que se metem por qualquer parte e, conquanto não causem dano, mormente caso não se faça caso delas – como aconselhei –, importunam muitas vezes. São as pequenas distrações que procedem da imaginação e das outras causas que apontei. Nesta quinta morada, porém, não podem penetrar as lagartixas, por mais esguias que sejam, pois não há imaginação, nem memória nem entendimento capaz de impedir este bem. E ouso até afirmar: quando é, em verdade, união divina, não pode entrar o demônio nem fazer dano algum –, porque está Sua Majestade tão junto e unido à essência da alma, que não se atreverá o inimigo a chegar-se. Nem mesmo deve entender este segredo; pois se, como dizem, não penetra nosso pensamento, claro está

que ainda menos compreenderá arcano tão sublime, que Deus nem o fia de nossa inteligência. Ó grande bem! Feliz estado onde o maldito não nos pode fazer mal! E assim fica a alma com indizíveis lucros, por agir Deus nela, sem que ninguém a estorve, nem sequer ainda nós mesmos. Que não dará quem é tão amigo de dar e tem poder para dar tudo o que quer?

6. Parece que vos deixo perplexas com este meu modo de expor quando é união divina. Então haverá outras uniões? Se as há! Ainda que seja em coisas vãs, se houver muito amor, também o demônio causa arroubos; não, porém, do mesmo modo que Deus, nem com aquele deleite, satisfação, paz e gozo com os quais a alma se enleva para além de todos os gozos da terra, para além de todos os deleites e para além de todos os contentamentos, e ainda mais. Com efeito, nada há de comum entre a origem dos prazeres da terra e a dos contentamentos divinos; e é muito diverso o modo de senti-los, como vo-lo dirá a experiência. Segundo uma vez escrevi: é como se uns atingissem o invólucro tão grosseiro do corpo, e os outros a medula da alma[46]. E bem atinei, pois não sei como melhor explicar.

7. Parece-me que ainda não vos vejo satisfeitas, pois tendes receio de cair em algum engano, visto ser tão difícil de examinar o que se passa no interior. Para quem tiver experiência, basta o que ficou dito, pois são coisas muito diferentes; contudo, quero dar-vos um sinal claro a fim de não haver engano ou dúvida possível quanto às verdadeiras mercês de Deus. Sua Majestade mo trouxe hoje à memória, e é sinal certo, ao meu parecer. Sempre nas matérias dificultosas, ainda quando julgo compreender bem e dizer a verdade, uso desta expressão: "parece-me"; porquanto, se acontecer de enganar-me, estou muito pronta a crer no que disserem os mui doutos. Estes, conquanto não tenham experimentado estas graças, têm *um não sei quê*, próprio dos grandes letrados. Como Deus os tem para servirem de luz à sua Igreja, ilumina-os para que admitam aquilo

---

46. *Caminho de perfeição*, cap. 30.

que de fato é verdade; e, quando não são dissipados e servem bem a Deus, jamais se espantam perante suas grandezas em virtude da alta compreensão que têm de que mais e muito mais pode o Senhor fazer. E, enfim, devem achar muitas coisas escritas, embora não tão bem explicadas; e, por umas, vêm a compreender que outras são possíveis.

8. Imensa experiência tenho disto, e também a tenho de uns semiletrados espantadiços que me custaram muito caro. Ao menos, penso: quem não acreditar que Deus pode fazer muito mais e que se tem dignado comunicá-lo em outros tempos às suas criaturas, e ainda hoje assim o faz, a esse tal está bem fechada a porta para receber semelhantes favores. Portanto, irmãs, jamais vos aconteça isto. Crede que Deus pode dar muito mais, e mais; e não olheis se têm ou não virtude as pessoas por Ele favorecidas, pois Sua Majestade sabe o que faz, como vo-lo disse. Não há para que nos metermos nisso; antes, com simples coração sirvamos a Sua Majestade e louvemos suas obras e maravilhas.

9. Tornemos agora ao sinal que afirmo ser verdadeiro: olhai esta alma que Deus fez de todo boba a fim de nela imprimir melhor a verdadeira sabedoria. Não vê, nem ouve, nem entende durante o tempo em que assim está; tempo sempre breve, que a ela ainda mais breve parece do que é de fato. Deus fixa-se, estabelece a si mesmo no interior daquela alma, de maneira que, ao sair daquele estado, de nenhum modo ela pode duvidar de que esteve em Deus, e Deus nela. Com tanta firmeza se lhe imprime esta verdade, que ainda quando decorrem anos sem tornar a receber do Senhor aquela mercê, não pode esquecê-la, tampouco duvidar da presença divina. Ainda deixando de lado os efeitos que lhe ficam, dos quais direi depois –, esta convicção é o que muito importa.

10. Dir-me-eis, porém: Como viu ou entendeu ser o Senhor, se nada vê e entende? Não digo que o tenha visto então; depois é que o vê com clareza, não a modo de visão, mas com uma certeza que Deus lhe imprime na alma e que só Ele

pode infundir. Sei de uma pessoa[47] a cujo conhecimento não havia chegado que está Deus presente em todos os seres por presença, por potência e por essência. Tendo recebido uma destas mercês do Senhor, veio a crê-lo com tal firmeza, que, embora um dos semiletrados acima referidos a quem consultou lhe tivesse respondido que Deus está em nós só pela graça santificante – assim falou por estar tão pouco instruído como ela antes que Deus a iluminasse –, não lhe deu crédito, pois estava resoluta em sua convicção. Depois, ao interrogar a outros, disseram-lhe a verdade, com a qual muito se consolou.

11. Não quero que vos enganeis a pensar que esta certeza se revista de alguma forma corpórea, como, por exemplo, a Humanidade de Nosso Senhor Jesus Cristo que está no Santíssimo Sacramento, embora o não vejamos. Aqui não é assim, é tão somente a divindade. Mas, se nada vimos, como nos fica tão grande certeza? Isto não sei: obras são de Deus. Só sei que digo a verdade; e se alguém não ficar com essa absoluta convicção, sinal é, a meu ver, que não foi união de toda a alma com Deus, e sim de alguma das potências; ou, porventura, outra das muitas e diversas mercês que faz Deus à alma. Em tudo isso não havemos de buscar razões para ver como foi; pois se nosso entendimento não é capaz de chegar a tanto, para que nos queremos desvanecer? Basta-nos saber que é todo-poderoso aquele que o faz. Por mais diligências que façamos, não temos parte nisto, nem o podemos alcançar: tudo vem de Deus. Não queiramos, pois, ter a pretensão de entendê-lo.

12. Sim, não temos parte, como digo. A este respeito, lembro-me deste trecho do Cântico que já conheceis. Diz a esposa: *Levou-me o rei à adega dos vinhos*[48], ou antes, creio, *meteu-me*. Não diz que entrou por si mesma. Também conta que buscava

---

47. A mesma Santa Teresa (cf. *Livro da vida*, cap. 18).
48. *Introduxit me Rex in cellaria sua* (Ct 1,3).

seu amado por todos os lados.[49] Esta oração, ao que entendo, é a adega onde apraz ao Senhor meter-nos quando e como quer: porém, por mais diligências que façamos, não conseguimos entrar por nossos esforços. Sua Majestade é quem nos há de meter e introduzir por si mesmo no centro de nossa alma. E, para melhor mostrar suas maravilhas, quer que em nada concorramos, senão com a nossa vontade por inteiro rendida à dele. Não lhe abrimos a porta dos sentidos e potências, pois todos estão adormecidos. É Ele quem adentra no centro da alma, a portas fechadas, como apareceu no meio de seus discípulos quando lhes disse: *Pax vobis!*[50] Ou como saiu do sepulcro sem levantar a pedra. Adiante vereis como Sua Majestade quer que o goze a alma no centro de si mesma, ainda muito mais na última morada.

13. Ó filhas, o quanto veremos se não quisermos pôr os olhos senão em nossa baixeza e miséria e entendermos que não somos dignas de ser servas de um Senhor tão grande, cujas maravilhas nem podemos alcançar! Seja Ele para sempre louvado! Amém.

---

49. Vou levantar-me e percorrer a cidade, as ruas e praças, procurando o amor da minha vida (Ct 3,2).
50. Jo 20,19.

CAPÍTULO 2

Prossegue a mesma matéria. Por meio de uma
comparação delicada explica a oração de união e
os efeitos que deixa na alma. É muito de notar.

1. Parecer-vos-á que já declarei todas as maravilhas desta morada, e, todavia, falta muito, pois, como disse, há mais e menos. A união, por assim dizer, não saberei explicar melhor, creio eu; mas resta muito a dizer acerca do que obra o Senhor nas almas favorecidas com estas mercês, quando elas, de seu lado, se dispõem. Discorrerei acerca de algumas dessas graças e dos efeitos que elas produzem. Quero valer-me de uma comparação bem própria para melhor o dar a entender. Ao mesmo tempo veremos como, embora nada mais possamos fazer para que Sua Majestade nos conceda esta mercê, pois é obra exclusiva do Senhor, podemos dispor-nos para ela, e isto é grande coisa.

2. Já tereis ouvido falar das maravilhas de Deus no modo de criar a seda. Só Ele pôde conceber semelhante invenção. Contaram-me, nunca o vi; portanto, se houver alguma inverdade, não será minha a culpa. Ao começar a brotar folhas nas amoreiras, uma semente, pequena como um grãozinho de mostarda, com o calor começa a cobrar vida, visto que até então, por não haver esse manjar para seu sustento, estava morta. Com as folhas da amoreira se cria o verme até que, depois de grande, é posto sobre uns ramos, e aí, com a boquinha, aos poucos fia a seda que tira de si mesmo, e tece um pequeno casulo muito apertado onde se encerra. E aí acaba o verme, que é grande e feio, e sai do mesmo casulo uma borboletinha branca, mui graciosa. Mas se ninguém o tivesse visto, e nos contassem este fato como sucedido em outros tempos –, quem o poderia

crer? Que razões haveria para imaginar que um verme – assim como também uma abelha –, criaturas desprovidas de entendimento, sejam tão diligentes em trabalhar para nosso proveito, e com tanto engenho, de modo que, afinal, o pobre bichinho-da-seda perca a vida na demanda? Para alimentar durante algum tempo a vossa meditação, ainda que eu nada mais acrescentasse, bastaria isto, irmãs, pois aqui podeis considerar os portentos e a sabedoria de nosso Deus. E que seria se soubéssemos as propriedades de todas as coisas? De grande proveito é ocuparmo-nos em pensar nestas grandezas, regalando-nos com o nosso título de esposas de Rei tão sábio e poderoso.

3. Tornemos ao que tratava. Então, cobra-se vida a alma – figurada pelo bicho-da-seda – quando, com o calor do Espírito Santo, começa a aproveitar-se do auxílio geral que Deus concede a todos, valendo-se dos meios confiados por Sua Majestade à Santa Igreja, tais como: a confissão frequente, as boas leituras e os sermões. São estes os remédios para uma alma que jaz morta em seus descuidos e pecados e metida em ocasiões de pecar de novo. Principia, então, a viver; sustenta-se com estes mantimentos e com proveitosas meditações até chegar a crescer. Este final é que vem ao meu propósito; o resto importa pouco.

4. Crescendo, pois, este verme, como disse ao principiar o que ora escrevo, começa a lavrar a seda e construir a casa onde há de morrer. Para nós esta casa é Cristo: eis o que vos quisera dar a entender. Parece-me ter lido em algum lugar, ou ouvido, que nossa vida está escondida em Cristo, ou em Deus[51] – o que vem a ser o mesmo –, ou que nossa vida é Cristo. Para meu intento, qualquer destas expressões vem a propósito.

5. Eis aqui, filhas, o que podemos fazer com a ajuda de Deus: que a Sua Majestade em pessoa seja nossa morada, como o é nesta oração de união, e que nós a lavremos! Pareço dizer que somos capazes de tirar e pôr em Deus, pois primeiro afir-

---

51. Estais mortos e vossa vida está oculta com Cristo em Deus (Cl 3,3). Quando Cristo, vossa vida, se manifestar, então também vós vos manifestareis com ele, revestidos de glória (Cl 3,4).

mo ser Ele a morada, e depois, havermos nós de lavrá-la para nela nos metermos. E como é certo que podemos tirar e pôr! Não de Deus, mas de nós, como fazem os bichos-da-seda; e, ainda bem, não teremos acabado de fazer tudo o que é de nossa parte, quando virá Deus unir à sua grandeza essa nossa pequena obra, que em si nada é, e lhe dará tão grande valia que o mesmo Senhor seja o prêmio dela. E assim como foi Ele quem mais fez, assim também quer juntar nossos pequenos labores com os grandes labores que padeceu Sua Majestade, e fazer de tudo uma só coisa.

6. Eia, pois, filhas minhas, demo-nos pressa em pôr mãos à obra e tecer esse diminuto casulo; despojemo-nos de nosso amor-próprio e de nossa vontade, do apego a qualquer coisinha da terra; exercitemo-nos em obras de penitência, oração, mortificação, obediência e tudo mais que sabeis. Prouvera a Deus fizéssemos o que é de nosso dever tão bem como sabemos, e como no-lo ensinam! Morra, morra este nosso verme – como o da seda que finda a obra para a qual foi criado –, e vereis como contemplaremos a Deus e nos acharemos tão metidas em sua grandeza como aquele pequeno verme em seu casulo. Mas olhai que, ao dizer: – contemplaremos a Deus –, refiro-me ao modo com que se dá Sua Majestade a sentir nesta maneira de união.

7. Vejamos agora que fim leva este verme – que para aqui chegar tenho dito tudo o mais. Dele sai uma pequenina mariposa branca. Semelhante coisa acontece à alma que, nesta oração, bem morta está ao mundo. Ó maravilhas de Deus! Quão transformada sai ela daqui, depois de haver estado submergida nessa grandeza do Senhor e tão unida a Ele, embora em tão pouquinho tempo que, em meu parecer, nunca chega a meia hora. Digo-vos, na verdade, que a própria alma não se conhece mais. Vede que diferença entre um verme feio e uma pequenina mariposa branca: pois ela existe aqui. Não sabe ela como logrou merecer tanto bem, nem de onde lhe pôde vir; quero dizer: bem sabe que o não merece. Vê-se com tal sede de louvar ao Senhor, que desejaria desfazer-se e morrer por Ele mil vezes.

Logo começa a ter anseios de padecer grandes trabalhos, e não está em suas mãos distrair-se. Desejos abrasados de penitência e de solitude, e de que todos conheçam a Deus. Daqui procede grande dor de vê-lo ofendido. Na morada seguinte, trataremos mais em particular de tudo isto, porquanto, embora o que há nesta quinta morada e na que vem depois seja o mesmo, há muita diferença na intensidade dos efeitos, e repito: grandes coisas verá a alma que Deus faz chegar até aqui se deveras se esforçar por ir adiante.

8. Oh! Que desassossego o desta pequenina mariposa, apesar de nunca ter gozado mais quietação e paz em toda a sua vida! É para louvar a Deus! Não sabe onde pousar e fazer assento. Foi tanto o que desfrutou que tudo quanto vê na terra a deixa insatisfeita, mormente quando muitas vezes lhe dá o Senhor a beber deste vinho; e quase de cada vez lhe ficam novos aumentos. Já tem em nada as obras que fazia noutros tempos, quando verme, que era pouco a pouco fiar seu casulo. Nasceram-lhe asas: como se contentará de ir passo a passo, se pode voar? Tudo quanto lhe é dado fazer por Deus, reputa por ninharia – tão elevados são os seus desejos. Não acha muito o que passaram os santos, pela experiência que já tem de quanto ajuda e transforma o Senhor uma alma, a ponto de não parecer a mesma, nem por sombras. Com efeito, a fraqueza que experimentava para fazer penitência tornou-se fortaleza; o apego aos parentes, amigos e fazenda – tão grande que nem os atos, nem as resoluções, nem o desejo de apartar-se conseguiam romper, antes, pareciam enraizar mais –, já vê tão desvanecido, que tem pesar de estar obrigada a certas relações sociais que, para não ir contra Deus, é preciso manter. Tudo a cansa desde que experimentou como o verdadeiro descanso não pode provir das criaturas.

9. Pareço estender-me demasiado, mas poderia dizer ainda muitas coisas, e quem houver recebido de Deus esta mercê, verá que ainda digo pouco. Não é, pois, de espantar que a nossa pequenina mariposa busque novo assento, assim como se acha nova e estranha às coisas da terra. Mas onde há de pousar a po-

brezinha? Tornar ao gozo de onde saiu? Não pode; não está em nossas mãos, repito, por mais que façamos, até que Deus seja servido de tornar a fazer-nos tal mercê. Ó Senhor! Que novos trabalhos começam para esta alma! Quem era capaz de supor tal coisa depois de tão excelsa graça! Enfim, enfim, de um ou de outro modo há de haver cruz enquanto estivermos nesta vida. E se alguém contasse que, depois de aqui ter chegado, vivera sempre com descanso e regalo, diria eu que nunca chegou: teve, porventura, na morada anterior, algum gosto, para o qual ajudou a fraqueza natural, ou quiçá o demônio lhe dá tréguas com o fim de lhe fazer depois guerra deveras maior.

10. Não quero com isto dizer que não tenha paz quem aqui chega, antes a tem, e imensa; porque os próprios trabalhos são de tanto valor e de tão nobre estirpe que, apesar de tão intensos, deles mesmos procedem a paz e o contentamento. Do próprio desgosto às coisas do mundo, nasce tão penoso desejo de sair dele, que se algum alívio encontra a alma é no pensamento de que Deus a quer neste desterro. E nem isto é suficiente, porquanto, embora tenha recebido tantas graças, não está tão rendida à vontade do Senhor, como ficará mais adiante, segundo veremos. Não deixa de conformar-se, mas é com grande sentimento que não consegue reprimir – porque maior perfeição ainda não lhe foi dada –, e com abundantes lágrimas. Cada vez que se põe em oração, é esta a sua pena. Procede em parte, creio eu, da imensa dor que lhe causa o ver quanto é Deus ofendido e pouco estimado neste mundo, e a multidão das almas que se perdem, tanto de hereges como de mouros. E o que mais a tortura é a perda de tantos cristãos, pois vê que, embora seja infinita a Misericórdia de Deus e bem se possam emendar e salvar ainda os que têm pior vida, receia, contudo, que muitos se venham a condenar.

11. Oh! Que grandeza de Deus! Ainda há poucos anos, e quiçá há poucos dias, andava esta alma que não se lembrava senão de si... Quem a meteu em tão penosos cuidados? São tão veementes que não poderíamos conseguir, mediante muitos anos de meditação, experimentar as penas que esta alma padece.

Mas, valha-me Deus! Não nos bastará ponderar durante muitos dias e anos quão grande mal é a ofensa de Deus, ver como esses que se condenam são filhos seus e irmãos nossos, considerar os perigos tão frequentes neste mundo e a vantagem que há em sairmos desta vida miserável? Não! Não bastará, filhas; não é a pena que se sente aqui, como as da terra. Bem poderíamos, com o favor de Deus, ter grande sentimento ao cabo de muito meditar; mas não chegaria ao íntimo das entranhas, como nesta oração. Aqui, dir-se-ia que a alma fica esmigalhada e moída, sem nada fazer de sua parte e, às vezes, até sem o querer. Que é, porém, isso? De onde procede? Vou explicar-vos.

12. Não tendes ouvido dizer da santa esposa que o senhor fê-la entrar na adega de seus vinhos e ordenou a caridade?[52] Ainda aqui já tive ocasião de dizê-lo, embora a outro propósito: ao ver o Senhor aquela alma já tão entregue e rendida em suas mãos em virtude da veemência de um grande amor, a ponto que já não sabe nem deseja mais senão que nela cumpra o Senhor a sua vontade, quer que saia dali marcada com o selo divino, sem ela mesma entender como. E nunca fará Deus esta mercê, penso eu, senão à alma que já tomou por muito sua. Sim, porquanto, em verdade, ali tão passiva está ela como a cera que não grava em si mesma o selo, mas outro lho imprime. Apenas está bem-disposta, isto é, branda; e ainda não é ela que se dispõe: só faz permanecer quieta e consentir. Ó bondade tão grande de Deus, que tudo há de ser à vossa custa! De vossa parte só quereis receber nossa vontade e não achar impedimento na cera.

13. Eis, irmãs, o que faz aqui nosso Deus para que esta alma já se reconheça por sua: dá-lhe o que tem de mais precioso – o mesmo que neste mundo comunicou a seu Filho. Maior mercê não nos poderia fazer. Quem mais do que Sua Majestade deve ter querido sair desta vida? Assim o mostrou quando na Ceia disse: "Com ardente desejo desejei"[53]. Mas como, Senhor meu? Não vedes a trabalhosa morte que vos espera, tão cheia

---

52. Ct 2,4.
53. Lc 22,15: *Desiderio desideravi*.

de penas e horrores? "Não – dizeis Vós; –, porquanto meu imenso amor e o desejo da salvação das almas sobrepujam sem igual todas essas dores; e tão sem medida são as imensas penas que por esta causa tenho padecido, e ainda padeço desde que vim a esse mundo, que, em comparação delas, nada me parecem as restantes".

14. Muitas vezes – asseguro-vos – tenho feito estas considerações ao presenciar o tormento que tem padecido e padece ainda certa pessoa[54] que conheço ao ver ofensas a Nosso Senhor. É tão insuportável que preferiria a morte a ter de sofrê-lo. Penso comigo: se uma alma cuja caridade, em comparação à de Cristo, é demasiado pequenina – e quase se pode dizer nenhuma – experimentava esse tormento tão insofrível, qual seria o sentimento de Nosso Senhor Jesus Cristo? Qual deve ter sido a sua vida, pois todas as coisas lhe eram presentes e sempre via as grandes ofensas cometidas contra seu Pai? Não tenho dúvida: foram muito maiores essas penas que as de sua sacratíssima paixão. No fim da vida já tocava ao termo de seus labores; e com isto, e com o contentamento de dar remédio, por sua morte, a nossos males, e de mostrar seu amor ao Eterno Pai em padecer tanto por Ele, moderaram-se suas dores. É como vemos acontecer aos que, movidos pela força do amor, entregam-se a rudes penitências, e quase não sentem dor; quereriam fazer mais e mais, e tudo acham pouco. Que experimentaria Sua Majestade ao ver-se em tão boa ocasião para mostrar a seu Pai com quão perfeição cumpria a obediência dele recebida e o preceito do amor ao próximo? Oh! grande deleite, o de padecer para cumprir a vontade de Deus! Mas presenciar tantas e tão contínuas ofensas contra a Majestade divina, e a perda de tantas almas que se precipitam no inferno, parece-me dor tão intolerável, que, segundo creio, se não fosse mais que homem, bastava um só dia daquela pena para acabar muitas vidas, quanto mais uma!

---

54. A própria Santa Teresa.

CAPÍTULO 3

Continua o mesmo assunto. Trata de outro modo de união que pode alcançar a alma com o favor de Deus, e quanto importa para isto o amor ao próximo. É de grande proveito.

1. Tornemos agora à nossa pombinha e vejamos algumas das graças que Deus concede nesta morada, sempre – bem entenda-se – no caso de a alma procurar adiantar-se no serviço de Nosso Senhor e no próprio conhecimento. Se não fizer mais do que receber esta mercê e, julgando-se já segura, for descuidada em sua vida e torcer no caminho do céu, que é a observância dos mandamentos, verá acontecer-lhe como à borboleta do bicho-da-seda, a qual deita semente para outras produzirem, enquanto ela fica morta para sempre. Sim, deita semente, pois – tenho para mim – não permite Deus ficar estéril a elevada mercê que concedeu; e, assim, determina que a alma, se não se aproveita dela para si, venha a servir de instrumento para proveito de outros. Com efeito, como lhe ficam esses grandes desejos e virtudes enquanto neles persevera, sempre causa proveito a outras almas e as aquece com seu calor; e mesmo depois de tê-lo perdido, ainda lhe ficam as ânsias de fazer bem ao próximo, e gosta de dar a entender os favores concedidos por Deus a quem o ama e serve.

2. Conheci uma pessoa[55] a quem acontecia o que digo. Deveras perdida, gostava de que outros progredissem com as mercês que a ela havia feito o Senhor, e guiava no caminho

---

55. A própria Santa Teresa. *Livro da vida*, cap. 7.

da oração a quem o não entendia, e deste modo fez muito, muito bem. Depois lhe tornou o Senhor a dar luz. Verdade é que então não experimentara ainda os efeitos de que discorri. Mas quantos haverá que, chamados pelo Senhor ao apostolado e à comunicação divina, como Judas, ou escolhidos para reis, como Saul, depois vêm a perder-se por sua culpa! Daqui tiraremos, irmãs, esta conclusão: para não nos perdermos como esses, mas, ao contrário, sigamos adiante de modo que mereçamos mais e mais, a segurança que pode haver é a obediência e a retidão no cumprimento da Lei de Deus. Isto que digo em relação a quem houver recebido semelhantes mercês pode aplicar-se a todos.

3. Parece-me que ainda fica um tanto obscura esta morada, apesar de todas as minhas explicações, pois há tão grande lucro em nela entrar que é bom saber que não ficam sem esta esperança as almas não favorecidas pelo Senhor de mercês tão sobrenaturais. Com efeito, muito bem se pode alcançar, com o auxílio de Nosso Senhor, a verdadeira união, se, de nossa parte, a procurarmos com todas as nossas forças sem prender nossa vontade senão ao que for da vontade de Deus. Oh! quantas vezes acontece-nos dizer isto, parecendo-nos que outra coisa não queremos! Daríamos a vida, segundo me parece já ter dito, para atestar esta verdade. Eu vos digo e vo-lo repetirei sempre: quando de fato assim for, tereis alcançado do Senhor esta mercê. E não invejeis essa outra união regalada a que me referi, pois seu maior merecimento está em proceder desta a que me refiro agora; e ninguém a poderá alcançar sem ter chegado à união certa e segura de ter resignada a vontade ao beneplácito de Deus. Oh! que união esta, para ser desejada! Venturosa a alma que a ela chegou! Viverá com descanso nesta vida, e também na outra! Nenhum sucesso, dos muitos que há na terra, a perturbará, a menos que se trate de ver a Deus ofendido ou de algum perigo de perdê-lo por toda a eternidade: nem enfermidade, nem pobreza, nem mortes – exceto a de alguma pessoa

que haja de fazer falta à Igreja de Deus. Vê bem esta alma que melhor sabe o Senhor dispor, do que ela desejar.

4. Convém notar que se deve fazer distinção entre penas e penas. Algumas há produzidas de súbito pela natureza, e o mesmo se observa a respeito de contentamentos e afetos de caridade e de compaixão para com o próximo. Tal foi o sentimento de Nosso Senhor na ressurreição de Lázaro[56]. As penas deste gênero não alteram a união com a vontade de Deus, nem tampouco chegam a perturbar-nos com alguma paixão inquieta, desassossegada e persistente. Passam depressa, pois – como disse de certos gozos na oração – parecem mover somente os sentidos e as potências sem atingir o íntimo da alma. Perambulam pelas moradas que ficam atrás, mas não entram na última (pois para isto é necessária a suspensão das potências de que falei). Contudo, poderoso é o Senhor para enriquecer as almas e introduzi-las nestas moradas por vários caminhos, em vez do atalho de que aqui trato.

5. Sim, filhas, mas prestai muita atenção: é imprescindível que morra o verme, e será mais à vossa custa. Naquela união, o ver-se a alma em vida tão nova muito ajuda a fazê-lo morrer; neste outro caso é mister que, nesta nossa vida comum, o matemos nós mesmas. Confesso-vos que será com muito mais labuta, mas tem seu valor; e assim maior será o galardão, se sairdes com a vitória. Quanto a ser possível, não há de duvidar, desde que estejais de fato unidas com a vontade de Deus.

Esta é a união que durante toda a minha vida tenho desejado; esta é a mais clara e segura e a que sempre peço a Nosso Senhor.

6. Mas ai de nós! Quão raro, penso eu, a ela chegamos; conquanto muitos, por se guardarem de ofender a Deus e terem abraçado o estado religioso, imaginem que nada mais lhes resta a fazer. Que engano! Ficam uns miúdos vermes que nem

---

56. Jo 11,35.

sequer se dão a perceber – como o que roeu a mamoneira, ao Profeta Jonas[57] – e acabam por nos roer as virtudes. É o amor-próprio; a estima de si mesmo; o hábito de julgar os outros, embora em coisas pequenas; as faltas de caridade com os próximos; o não os amarmos como a nós mesmo. Com isto, apesar de nos arrastarmos e cumprirmos com a obrigação a fim de evitar pecados, nunca chegamos à perfeição de aderir por completo à vontade de Deus; antes, ficamos demasiado longe.

7. Qual pensais, filhas, que seja a sua vontade? É que de todo nos tornemos perfeitas a fim de sermos uma só coisa com Ele e com o Pai, como Sua Majestade pediu[58]. Vede bem, quanto nos falta para lá chegarmos! Asseguro-vos de que escrevo com demasiada mágoa ao ver-me tão longe; e tudo por minha culpa, pois nem era necessário favorecer-nos o Senhor com grandes regalos: bastava o dom imenso que nos fez em dar-nos seu Filho, que nos veio ensinar o caminho. Não penseis que a união consista em conformar-me eu tanto com a vontade de Deus a ponto de, se morrer meu pai ou meu irmão, não o sentir; e que, caso me sobrevenham trabalhos e enfermidades, os sofrerei com alegria. Tudo isto é bom, mas às vezes nasce da sensatez natural que, visto reconhecer não haver remédio, faz, da necessidade, virtude. Quantos rasgos desses – ou outros semelhantes, que denotavam muito saber – tinham os filósofos! Quanto a nós, só estas duas coisas pede o Senhor: amor de Deus e amor do próximo. Eis no que devemos trabalhar. Guardando-as com perfeição, fazemos sua vontade, e assim estaremos unidas com Ele. Mas quão longe ficamos, repito, de cumprir estes dois preceitos como devemos a tão grande Deus! Praza a Sua Majestade dar-nos graça para merecermos chegar a esse estado, que em nossas mãos está, se o quisermos.

---

57. Cf. Jn 4,6-7.
58. No sermão da ceia (Jo 17,22).

8. O mais certo sinal, a meu ver, para verificar se guardamos estes dois pontos é o cumprimento generoso da caridade fraterna. Com efeito, não pode haver certeza do nosso amor a Deus, conquanto haja grandes indícios por onde se entende que o amamos; mas o amor ao próximo logo se conhece. E convencei-vos: quanto mais vos virdes aproveitadas neste, mais o estareis naquele. Quereis saber a razão? É tão grande o amor de Deus para com os homens, que, em paga do que tivermos a eles, fará crescer por mil maneiras o que temos por Sua Majestade. Disto não posso duvidar.

9. É de suma importância que estejamos sempre demasiado atentas a como andamos em relação à caridade fraterna. Se for com muita perfeição, tudo está feito, porquanto, segundo me parece, dada a malícia de nossa natureza, o amor ao próximo nunca desabrochará com perfeição em nós se não brotar da raiz do amor a Deus. Tanto nos importa isto, irmãs, que devemos procurar nos entender em coisas tão sublimes; e, não fazendo caso de outras muito grandes, que assim por junto vêm na oração, de parecer que as teremos e conservaremos por sermos principiantes, e por só uma alma que se salve, porquanto se não vos derem desprazeres conformes às obras, não há razão para crer que as faremos. O mesmo digo da humildade e de todas as demais virtudes. Grandes são os ardis do inimigo, e, para nos dar a entender que temos uma, sem a termos, dará mil voltas ao inferno. E tem razão, pois causa muito prejuízo à alma. Ao procederem de tão má raiz, nunca deixam de vir acompanhadas de alguma vanglória essas virtudes fingidas; pelo contrário, as que são dadas por Deus, são livres de toda vaidade e soberba.

10. Gosto algumas vezes de ver certas almas que, nas horas de oração, sentem desejos de ser abatidas e afrontadas em público por amor de Deus; e depois, se cometem uma pequenina falta, quereriam encobri-la. E Deus nos acuda, quando são acusadas do que não fizeram! Quem não sabe sofrer essas ninharias, veja bem – e não faça caso do que no seu interior de-

terminou padecer. Não foi de fato verdadeira determinação da vontade, pois quando esta é real, é demasiado diferente. Terá sido algum surto da imaginação, que é este o terreno onde o demônio arma seus assaltos e emboscadas; e a mulheres e pessoas faltas de doutrina poderá enganar muito, visto não sabermos distinguir entre as potências e a imaginação e ignorarmos mil outras coisas que ocorrem na vida interior. Oh! como se vê com clareza, irmãs, que em algumas de vós existe deveras o amor do próximo, e que em outras não está com a mesma perfeição! Se compreendêsseis quanto nos importa ter esta virtude, a nada vos aplicaríeis tanto.

11. Quando vejo certas pessoas muito curiosas de saber qual o grau de sua oração – e tão absortas nela que dir-se-ia nem sequer ousarem mexer nem formar pensamentos por temerem perder alguma migalha de gosto e devoção –, percebo que entendem pouco do caminho por onde a união se alcança, porquanto pensam que o essencial está nessas exterioridades. Não, irmãs, não é assim: obras quer o Senhor. É sua vontade, filha minha, que se vês uma enferma a quem podes dar algum alívio, não tenhas receio de perder a tua devoção e te compadeças dela; e se lhe sobrevém alguma dor, doa-te como se a sentisses em ti; e, se preciso for, jejues para lhe dar de comer; não tanto com os olhos nela, como porque sabes que teu Senhor o quer assim. Esta é a verdadeira união com a vontade de Deus. Se vires louvar muito a uma pessoa, alegra-te muito mais do que se te louvassem a ti. Em verdade, isto é fácil a quem é humilde, pois até sente confusão quando se vê louvar. Mas esse alegrar-se de que se entendam as virtudes das irmãs é muito meritório; e assim também o sentir como se fora nossa alguma falta que virmos nelas, e o procurar encobri-la.

12. Muito tenho discorrido alhures[59] acerca deste assunto, porque vejo, irmãs, que se houver descuido nisto, estamos perdidas. Permita o Senhor que nunca tal coisa aconteça; pois,

---

59. *Caminho de perfeição*, cap. 7.

havendo caridade, eu vos prometo: não deixareis de alcançar de Sua Majestade a divina união. Se esta virtude vos faltar, ainda que tenhais devoção e regalos e alguma pequena suspensão na oração de quietação, de modo que logo vos pareça haver atingido o cume e estar tudo feito – crede-me que não chegastes à união. Suplicai a Nosso Senhor que vos dê com perfeição o amor ao próximo, e deixai agir Sua Majestade. Ele vos dará mais do que sabereis desejar, contanto que vos esforceis e façais de vossa parte tudo o que puderdes nesta matéria. Contrariai vossa vontade para que se faça em tudo a das irmãs, ainda que com prejuízo de vossos direitos; esquecei-vos de vosso próprio bem para buscar o delas, por mais que isto contradiga vossa natureza; procurai tirar o trabalho ao próximo e tomá-lo para vós, quando se oferecer ocasião. Não penseis que não vos haja de custar algum esforço, nem espereis achar tudo feito. Olhai quanto custou a nosso Esposo o amor que nos teve, pois, com o fim de nos livrar da morte, sofreu a morte deveras penosa da cruz.

CAPÍTULO 4

Prossegue o mesmo assunto e declara com mais pormenor este gênero de oração. Trata do quanto importa andar de sobreaviso porque o demônio põe tudo em jogo para fazer a alma voltar atrás no caminho começado.

1. Parece-me que estais com desejos de saber o que é feito da nossa pombinha e qual o pouso onde tomou assento, pois não foi decerto em gostos espirituais nem em contentamentos da terra, visto ser mais alto o seu voo. Não posso satisfazer vosso desejo senão na última morada. E ainda então, praza a Deus não me saia da memória, e tenha eu ocasião de escrevê-lo. São passados quase cinco meses desde que comecei estas páginas até agora; e, como a cabeça não aguenta tornar a ler o que escrevo, deve sair tudo em desordem, e, talvez, muitas coisas serão ditas duas vezes. Como falo às minhas irmãs, pouco importa.

2. Quero explicar-vos mais ainda em que me parece consistir esta oração de união. Conforme o meu espírito, dar-vos-ei uma comparação; depois trataremos ainda da nossa pequenina mariposa, que, embora sempre produza e faça bem a si e a outros, não para, porque não acha seu verdadeiro repouso.

3. Já muitas vezes tereis ouvido dizer que se desposa Deus em espírito com as almas. Bendita seja a sua misericórdia que se quer humilhar tanto! Grosseira é a comparação, mas outra não acho que tão bem dê a entender esta verdade como o sacramento do matrimônio. Contudo, é de modo muito distinto, porquanto, na oração de que tratamos, jamais há coisa que não seja espiritual. Tudo o que é corpóreo é banido por completo, e há mil léguas de distância entre os contentamentos e gostos espiri-

tuais dados pelo Senhor e os que devem ter os que se desposam. Tudo aqui é amor com amor: suas obras são demasiado límpidas, demasiado delicadas e tão suaves que a língua humana não as pode explicar, mas o Senhor as sabe dar muito bem a sentir.

4. Parece-me que a união não chega ainda a desposório espiritual. É como o que se usa no mundo quando dois se hão de desposar: tratam de ver se os gênios combinam e se um e outro querem o enlace; por fim, marcam um encontro para maior satisfação de ambos. Assim, neste nosso caso, conquanto já se tenha feito o ajuste e esteja a alma muito bem-informada das vantagens de tão nobre aliança e disposta a fazer a vontade de seu Esposo em tudo e de todos os modos que a Ele aprouver – Sua Majestade, satisfeito com ela e vendo que de fato assim cumprirá, usa de misericórdia e chama-a a conhecê-lo melhor, concedendo-lhe um encontro, como se costuma dizer, e aproximando-a de si. Podemos dizer que é apenas um encontro, porque dura tempo demasiado breve. Ali não há mais preliminares: é um ver a alma, de modo mui secreto, quem é esse a quem vai tomar por Esposo. Mediante os sentidos e potências não poderia, em absoluto, entender em mil anos o que entende aqui num relance. Mas como é tal o Esposo, só daquela vista a deixa mais digna de sua mão, segundo se costuma dizer. Com efeito, fica a alma tão enamorada, que faz de sua parte o que pode para não se desfazer de tão divino desposório. Mas se chegar a descuidar-se, a pôr sua afeição em alguma coisa fora dele, tudo perderá, e será tão imensa a perda como o são as mercês recebidas, e superior a todo encarecimento.

5. Por este motivo, almas cristãs elevadas pelo Senhor a estas alturas, rogo-vos por amor dele: não vos descuideis. Apartai-vos das ocasiões, porque neste estado não se acha tão forte a alma que se possa expor ao perigo, como ficará depois de celebrados os desposórios que serão na morada de que trataremos depois desta. Como não passou de um encontro a comunicação com Deus, andará o demônio a combatê-la com grande afã, procurando impedir o desposório. Mas adiante, ao

vê-la rendida por completo ao Esposo, não ousará tanto, porquanto terá dela medo pela experiência de que, se alguma vez a acomete, sai com grandes perdas e ela com maiores lucros.

6. Eu vos digo, filhas, que tenho conhecido pessoas muito adiantadas que haviam atingido este estado, e o demônio, com sua grande esperteza e com seus ardis, tornou a apoderar-se delas. Nesses casos parece que se coliga todo o inferno, porquanto, segundo tenho dito muitas vezes, não se trata de ganhar uma só alma, e sim uma grande multidão. Boa experiência tem o inimigo! Olhai que legiões de almas traz Deus a si por meio de uma só! Os mártires alcançavam milhares de conversões. É muito para louvar a Deus. Vede o que fez uma donzela como Santa Úrsula! Quantas presas arrebatadas ao demônio por São Domingos, São Francisco e outros fundadores de Ordens, e ainda hoje pelo Padre Inácio, o qual fundou a Companhia. Todos estes recebiam, por certo, semelhantes mercês de Deus, como deles se tem escrito. Como conseguiram tanto, senão porque se esforçaram para não perder, por sua culpa, tão divinos desposórios? Ó filhas minhas, pronto está o Senhor a conceder-nos mercês, agora como então; e ainda, de certo modo, dir-se-ia, tem mais necessidade de quem as queira receber, porquanto há poucos que zelem pela honra divina como se fazia outrora. Já temos demasiado amor a nós mesmos, e extrema circunspecção para defender nossos direitos. Oh! Que engano tão grande! O Senhor, por sua misericórdia, nos dê luz para não cairmos em tão espessas trevas!

7. Podereis perguntar-me duas coisas para esclarecer vossas dúvidas. Primeiro: se essa alma se acha tão unida com a Vontade de Deus, qual ficou dito, e em nada quer fazer por sua própria vontade, como pode ser iludida? Segundo: por onde consegue entrar o demônio com tamanho perigo a ponto de que venhais a perder a alma se estais tão apartadas do mundo e viveis amiúde de sacramentos, e em companhia de anjos – porquanto assim podeis chamar vossas irmãs – pois, pela bondade do Senhor, todas elas não têm outros desejos senão agradar e servir a Deus em tudo? Se se tratasse de pessoas metidas nas

ocasiões do mundo, não seria tanto de admirar. Nisto tendes razão. Grande foi a misericórdia de Deus para conosco; mas quando vejo, como já vos disse, que estava Judas em companhia dos apóstolos a tratar sempre com o mesmo Deus e a ouvir suas divinas palavras, entendo que não há segurança neste mundo.

8. À primeira dúvida respondo: se essa alma se mantivesse apegada sempre à vontade de Deus, claro está que não se perderia; mas intromete-se o maligno com uns enganos muito sutis e, sob aparência de bem, pouco a pouco a aparta do divino querer nas mínimas coisas e mete-lhe noutras das quais persuade não serem más. Deste modo, aos poucos lhe obscurece o entendimento e entibia a vontade, de modo que faz crescer nela o amor-próprio, até que, de queda em queda, aparte-a da vontade de Deus a fim de apegá-la à sua própria. Isto já serve de resposta à segunda pergunta. Com efeito, não há clausura tão estreita onde o inimigo não possa entrar, nem deserto tão apartado onde deixe de ir. E outra coisa quero ainda dizer-vos: talvez assim o permita o Senhor para ver como se porta aquela alma a quem determinara Sua Majestade pôr como facho que desse luz a outras: se há de ser ruim, mais vale que o seja nos princípios do que mais tarde quando pode prejudicar a muitas.

9. É mister pedir sempre a Deus, quando oramos, que nos tenha de sua mão, e pensar deveras de contínuo como cairemos logo no mais profundo abismo se Ele não nos assistir, pois é a pura verdade; e jamais cometamos o desatino de confiar em nós mesmas. Feito isto, onde me parece haver mais segurança é em andarmos com particular cuidado e atenção, vendo sempre como vamos nas virtudes. É preciso cada uma de vós examinar se melhora ou piora em qualquer delas, mormente no amor de umas com as outras, no desejo de ser tida pela menor e na perfeição das obras ordinárias. Se pensarmos bem e pedirmos luz ao Senhor, logo veremos o lucro ou a perda. Ora, não haveis de pensar que Deus, depois de elevar uma alma a tanto, deixe-a tão depressa de sua mão que não tenha muita labuta o demônio para a derribar. E em tanto extremo sente Sua Majestade

vir a perdê-la que lhe dá, por muitos modos, mil avisos interiores; e, assim, não pode ela deixar de perceber o dano.

10. Enfim, seja esta a conclusão: procuremos ir sempre adiante, e, se não houver progresso, andemos com grande temor, pois sem dúvida algum assalto nos quer tramar o inimigo. Sim, pois não é possível deixar de crescer quem chegou a tão elevado estado. Seria isto muito mau sinal, porquanto o amor jamais está ocioso. A alma que pretendeu ser esposa do próprio Deus, que já está prometida a Sua Majestade e chegou ao ponto que ficou dito, não se há de deitar a dormir.

E para que vejais, filhas, como leva o Senhor as almas que já tem por esposas, comecemos a tratar das sextas moradas, e vereis quão pouco é tudo quanto pudermos obrar e padecer em seu serviço para nos prepararmos a tão sublimes mercês. Porventura ordenou Nosso Senhor que me mandassem escrever para que, pondo a mira no prêmio e vendo quão sem medida é sua misericórdia em querer comunicar-se e manifestar-se a uns vermes como nós, esqueçamos nossos mesquinhos contentamentos da terra e – com os olhos postos em sua grandeza – corramos incendidas em seu amor.

11. Praza a Deus acerte eu a declarar alguma parte de coisas tão dificultosas. Se Sua Majestade e o Espírito Santo não guiarem a pena, bem sei que me será impossível. E se não houver de servir para vosso proveito, suplico-lhe que não acerte eu a dizer nada, pois sabe Sua Majestade que é meu único desejo – tanto quanto posso entender de mim – que seja louvado seu nome e que nos esforcemos por bem servir a um Senhor que assim dá o galardão desde esta terra. Por aqui podemos entender um pouquinho do que no céu nos há de dar, sem as vicissitudes, sem os labores e sem os perigos que existem neste mar tempestuoso. Se não fosse o risco de o perdermos pelo pecado, seria descanso que não se nos acabasse a vida até o fim do mundo, para mais trabalharmos por tão grande Deus, Senhor e Esposo.

Praza a Sua Majestade mereçamos prestar-lhe algum serviço sem tantas faltas, como sempre temos, ainda que nas boas obras. Amém.

Sextas moradas

Nelas há onze capítulos.

CAPÍTULO 1

Ao começar o Senhor a fazer maiores mercês, surgem maiores trabalhos. Menciona alguns e relata como neles devem proceder as almas que estão já nesta morada. É bom para as que padecem penas interiores.

1. Comecemos, com o favor do Espírito Santo, a tratar das sextas moradas, onde a alma, já ferida do amor do Esposo, procura mais ocasiões para estar só e, conforme lhe permite seu estado, apartar-se o mais possível de tudo que lhe pode estorvar a solidão.

Tão esculpida traz em si aquela vista, que todo o seu desejo é tornar a gozar dela. Digo assim porque o comparei a um encontro, mas, repito, nesta oração nada se vê, nem há objeto experimentado pelos sentidos ou pela imaginação. Já bem determinada a não tomar outro esposo fica a alma. Contudo, não atende ainda o Esposo a esses grandes desejos de que já se façam os desposórios; quer que o deseje ainda mais e que lhe custe um pouco mais caro o bem que é o maior de todos os bens. E, embora tudo seja pouco em vista do imenso proveito, eu vos asseguro, filhas, que não deixa de ser mister aquela amostra e sinal do que tem a receber para conseguir aguentar tantas penas. Oh! valha-me Deus! Que de trabalhos interiores e exteriores padece até entrar na sétima morada!

2. Por certo, quando algumas vezes o considero, chego a recear que se, com antecipação, entendesse a humana fraqueza

quanto lhe resta a sofrer, seria demasiado difícil determinar-se a enfrentá-lo, mesmo na esperança dos maiores bens. Depois de entrar, porém, na sétima morada, já não há temor que a impeça de se arrojar de todo o coração a padecer tudo por amor de Deus. E a causa é que está quase sempre tão unida a Sua Majestade, que dele lhe vem a fortaleza. Acho bom contar-vos alguns dos trabalhos que, tenho toda a certeza, costumam ocorrer. Não serão talvez levados todos por este caminho, mas duvido muito que, de um ou de outro modo, vivam isentos dos trabalhos da terra os que por vezes gozam tão deveras das delícias do céu.

3. Não tencionava tratar disto, mas pensei que alguma alma metida nesses tormentos ficará deveras consolada ao saber quanto sofrem os que são favorecidos com estas mercês de Deus, pois nesses transes parece decerto estar tudo perdido. Não os contarei por ordem, como sucedem, senão à medida que me ocorrerem à memória. Quero começar por um dos menores. É uma algazarra das pessoas conhecidas e até de estranhos que, ao parecer, nunca na vida se deveriam lembrar dela. Dizem uns e outros: "Quer passar por santa: usa desses exageros para enganar o mundo e desacreditar os que não a imitam; melhores cristãos que ela vivem sem tantas cerimônias". Entretanto, convém notar, não faz nada de mais, apenas procura cumprir bem as obrigações do seu estado. Os que tinha por amigos se apartam dela e são os que lhe dão o melhor bocado, causando-lhe grande sentimento. Apregoam que: "anda perdida aquela alma e, por certo, ilusa; são coisas do demônio; acontecer-lhe-á como a fulano e sicrano que se desviaram, e, com isto, a virtude perderá crédito; traz enganados os confessores [...]". Vão a estes últimos e procuram convencê-los, dando-lhes exemplos de fatos acontecidos a alguns que se perderam de modo semelhante. São inumeráveis os ditos e zombarias desse gênero.

4. De uma pessoa[60] tive ocasião de saber que chegou a ter demasiado receio de não achar quem a quisesse ouvir em confissão; a tal ponto haviam chegado as coisas. São tantas, que não vale a pena repeti-las. E o pior é que não passam depressa, duram toda a vida. Vivem sempre a avisar-nos uns aos outros que se guardem de tratar com semelhante gente.

Dir-me-eis que também há quem diga bem. Ah! filhas, quão poucos dão crédito a essas graças em comparação dos que as abominam! Aliás, este suplício de se ver estimada é ainda maior que os precedentes! Com efeito, a alma que vê com clareza que, se tem algum bem, é dom de Deus e, em absoluto, não lhe pertence – porquanto ainda há pouco se viu muito pobre e metida em grandes pecados – experimenta um tormento intolerável, ao menos nos princípios. Depois, não tanto, por algumas razões. A primeira: porque a experiência lhe faz ver com nitidez que tão depressa dizem bem como mal, e assim não faz mais caso de uma coisa que de outra. A segunda: tendo-lhe já o Senhor dado maior luz de que nenhum bem é nosso e tudo vem de Sua Majestade, põe-se a louvar a Deus, como se o visse em terceira pessoa, e nem se lembra de que lhe diz respeito. A terceira: se testemunhou algumas almas beneficiadas ao contemplar as graças que Deus lhes concede, considera que Sua Majestade escolheu este método de as considerar boas, ainda que não o sejam, para que delas resultasse um bem. A quarta: como preza mais a honra e glória de Deus que a sua própria, vence uma tentação, muito comum nos princípios, de que esses louvores hão de ser para destruí-la, como se vê acontecer a algumas pessoas. Já pouco se lhe dá do descrédito a troco de ver a Deus louvado ao menos uma vez por sua causa – venha depois o que vier!

5. Estas e outras razões mitigam o grande pesar que nela produzem os louvores, embora quase sempre experimente algum, exceto quando não lhes dá atenção nem pouco nem

---

60. Refere-se a si mesma (*Livro da vida*, cap. 28).

muito. Mas o pior trabalho, o maior de todos, é quando se vê elogiar em público sem merecimento algum. E quando chega a não fazer muito caso dos louvores, muito menos o faz dos vitupérios, antes folga com estes, como folgaria com uma música deveras suave. Isto é a pura verdade, e, em vez de se acovardar, fortalece-se, porquanto já a experiência lhe ensinou as grandes vantagens que lhe vêm por esse caminho. Parece-lhe que não ofendem a Deus os que a perseguem, pois Sua Majestade assim permite para enriquecê-la. Sente isto com clareza, e cobra-lhes particular amor e ternura, tendo-os em conta dos melhores amigos, pois mais lhes dão a ganhar do que os outros com seus elogios.

6. Também costuma o Senhor mandar enfermidades demasiado graves. Este sofrimento é muito pior que o das línguas, sobretudo quando se trata de dores agudas. Quando estas são violentas, parece-me de certo modo ser este o maior trabalho exterior que há na terra, ainda em comparação com quaisquer outros; mas refiro-me a dores muito intensas. Com efeito, acabrunham o interior e o exterior, e a alma se vê apertada de tal modo que não sabe o que há de ser dela. De muito bom grado preferiria qualquer martírio rápido àquelas dores. Não atingem sempre essa extrema violência, porquanto, enfim, não dá o Senhor mais do que se pode sofrer, e, antes do que a dor, outorga-lhe Sua Majestade a paciência; mas o ordinário é ter outros grandes sofrimentos e toda sorte de enfermidades.

7. Conheço uma pessoa[61] que, decorridos quarenta anos desde que lhe começou o Senhor a fazer a mercê referida, pode em verdade dizer que jamais passou um dia sem dores e diversos padecimentos oriundos da falta de saúde corporal, sem falar em outros grandes trabalhos. Verdade é que foi muito ruim, e tudo julga pouco ao se lembrar do inferno que mereceria. Outras, que não tenham ofendido tanto a Nosso Senhor, serão levadas por caminho diverso. Mas, se me fosse dada a escolha,

---

61. A própria Santa Teresa.

tomaria sempre a do padecer, ao menos para imitar a Nosso Senhor Jesus Cristo, ainda que não houvesse outro lucro; quanto mais havendo tantos.

E que diremos dos trabalhos interiores! Acertasse eu a falar destes, e todos os outros pareceriam pequenos! Mas é impossível dar a entender o modo por que se passam.

8. Comecemos pelo tormento de dar com um confessor tão sisudo e pouco experiente que nada tem por seguro. Se vê coisas não ordinárias, tudo receia, tudo põe em dúvida, mormente se, na alma por Deus favorecida, vê alguma imperfeição. Imagina que há de ser anjo quem tais mercês recebe, o que é impossível enquanto se vive neste corpo. Sem mais, tudo condena e atribui ao demônio ou à melancolia[62]. E desta última tão cheio anda o mundo, que não me espanto: são tantos os casos, e o inimigo espalha tantos males por este caminho, que imensa razão têm os confessores para temer e examinar tudo muito bem. Entretanto, a pobre alma que vive com os mesmos temores e vai ao confessor como a juiz, ao se ver condenada por ele, não pode deixar de sentir tão grande tormento e perturbação que só entenderá esse grave trabalho quem o houver experimentado. É esta uma das maiores provações, sobretudo para os que viveram mal, pois pensam que por seus pecados permitirá Deus algum engano ou ilusão. Quando recebe mercês de Sua Majestade sente segurança e não pode deixar de crer que é espírito de Deus; mas, como os favores passam depressa e a lembrança dos pecados perdura sempre, apenas vê em si faltas – que sempre há de haver alguma –, e logo lhe vem o tormento. Se o confessor a tranquiliza, aplaca-se a inquietação, embora depois lhe torne; mas se a atemoriza mais, é quase impossível de sofrer, em especial quando, ademais, é acometida por tais securas, que lhe parece nunca ter posto nem haver de pôr em Deus o pensamento. Nessas ocasiões, ouve-se falar de Sua Majestade; é como se fosse uma pessoa de quem, ao longe, ouviu dizer que existe.

---

62. Nome que davam então aos fenômenos nervosos.

9. Tudo isto é nada quando não lhe vem à mente que não sabe informar bem aos confessores e os traz enganados. Por mais que pense e veja que não lhes oculta nem um primeiro movimento, é tudo em vão! Está o entendimento tão obscurecido, que é incapaz de atinar com a verdade; e, assim, dá ouvidos a tudo quanto lhe sugere a imaginação, que é então senhora; crê nos desatinos formados pelo inimigo, a quem, dir-se-ia, dá Nosso Senhor licença para prová-la e até para persuadi-la de que está reprovada por Deus. Vê-se, de fato, combatida de muitas penas, com um aperto interior tão sensível e intolerável que não sei a que se possa comparar senão aos tormentos dos réprobos no inferno, pois durante a tempestade nenhum consolo dá alívio. Se procura alento no confessor, parece se valer dele os demônios para que a atormentem mais. É aperto perigoso, por se tratar de tantas coisas juntas. Ao ver isto, um confessor que tratava com uma alma assim aflita dizia-lhe, depois de passada a tormenta, que o avisasse quando padecesse; mas de cada vez era pior, e, afinal, veio ele a entender que não estava em suas mãos consolá-la. Se quisesse tomar um livro, embora saiba muito bem ler e esteja ele em sua própria língua, acontece não entender mais do que se fosse analfabeto, pois o entendimento está incapaz.

10. Em suma, nenhum remédio há nesta tempestade senão aguardar a misericórdia de Deus, que, a qualquer hora, com uma só palavra sua ou uma ocasião repentina, a livra de tudo tão depressa que não resta vestígio de nuvem naquela alma, tão cheia fica de sol e de muito maior consolo. E, como quem escapou de uma batalha perigosa e ganhou vitória, louva a Nosso Senhor, que foi quem pelejou e a fez vencer. Conhece com evidência que por si mesma não lutou, pois todas as armas com que se podia defender pareciam-lhe estar nas mãos de seu contrário. Deste modo, vê ao claro sua miséria e o pouco que poderíamos de nossa parte se nos desamparasse o Senhor.

11. Já não precisa de reflexões para se compenetrar desta verdade porquanto a experiência de se ver tantas vezes inca-

paz para tudo lhe dá a entender o nosso nada e a nossa miséria. Decerto não a abandona então o Senhor, pois com toda essa tormenta não o ofende, nem quisera ofendê-lo por coisa alguma da terra; mas de tal modo está escondida a graça que nem ainda lhe parece ver em si uma centelha muito pequena de que tem amor a Deus ou de que algum dia o teve; se praticou algum bem, ou recebeu de Sua Majestade alguma mercê, tudo é para ela nessas ocasiões como se fora um sonho ou fantasia. Só tem certeza de ter cometido muitos pecados.

12. Ó Jesus, que é ver uma alma desamparada desse jeito, e, como digo, incapaz de receber algum consolo da terra! Por isso, irmãs, se algum dia vos virdes assim, não penseis que os ricos e os que gozam de sua liberdade encontram mais remédio nessas crises. Não, não; é, em meu ver, como se pusessem à disposição dos condenados do inferno todos os deleites do mundo: em nada encontrariam alívio, antes se lhes dobraria o tormento. Aqui, as penas vêm do Alto, e, para mitigá-las, de nada valem as coisas da terra. Quer este grande Deus que o conheçamos a Ele por Rei, e a nós pela mesma miséria; e muito importa este conhecimento para o que vem depois.

13. Que fará, no entanto, esta pobre alma quando muitos dias lhe dura isto? Se reza para seu próprio consolo, é como se não rezasse, pois nada lhe penetra no interior; nem ela mesma entende as orações vocais que diz. A oração mental não é possível nesses tempos porque as potências não têm disposição para isso. A solidão antes a prejudica, apesar de lhe servir de novo tormento o estar com alguém ou ver que lhe falam. E assim, por maiores que sejam seus esforços, anda com um modo desabrido e aparência desagradável que muito se fazem notar.

Mas, em verdade, saberá ela dizer o que tem? É acima de toda expressão, porque são apertos e penas interiores que ninguém sabe definir. O melhor remédio – não digo para acabar com isto, que o não acho, mas para o conseguir sofrer – é empregar-se em obras exteriores de caridade e confiar na misericórdia de Deus que nunca falta aos que nele esperam. Seja Ele para sempre bendito. Amém.

14. Outros tormentos exteriores que procedem dos demônios não devem ser muito comuns, e assim não há por que deles tratar. Estão muito longe de ser tão penosos e, por piores que sejam, não chegam a inabilitar assim as potências, em meu ver, nem a perturbar a alma, que, afinal, sempre conserva a razão para pensar que não podem os inimigos ir além do que lhes permite o Senhor, e, quando se pode raciocinar, tudo é pouco em comparação do que atrás se discorreu.

15. Outras penas interiores iremos mencionar nesta morada à medida que tratarmos dos diversos gêneros de oração e de favores do Senhor. Em algumas dessas penas é ainda mais intenso o padecer, como se verá pelo estado em que deixam o corpo; mas não merecem nome de trabalhos, nem os devemos chamar assim, porquanto são inapreciáveis mercês divinas, e a alma bem o entende, no meio de seus tormentos, e vê que estão muito acima de tudo quanto ela poderia merecer. Vem essa grande purificação[63] quando se está a ponto de entrar na sétima morada, com várias outras penas, das quais direi algumas. De todas seria impossível ocupar-me, ou declarar como são, porque procedem de outra linhagem muito mais alta do que os sofrimentos que expus atrás; e se nem os primeiros pude explicar melhor do que fiz, muito menos saberei tratar destes últimos. O Senhor nos assista para tudo com seu favor, pelos méritos de seu Filho. Amém.

---

63. O original diz: pena grande.

CAPÍTULO 2

Trata de alguns modos pelos quais desperta Nosso Senhor a alma. Parece que nada há que temer nestes favores, embora muito excelsos e elevados.

1. Ao que parece, descuidamo-nos muito da nossa pombinha; mas não é assim, porque são estes trabalhos os que a fazem voar ainda mais alto.

Comecemos agora a ver como se comporta com ela o Esposo e como, antes de o ser de todo, lhe faz desejar intensamente o desposório por meios tão delicados que a própria alma não o entende. Nem tenho também eu a pretensão de acertar a defini-los de modo que os torne compreensíveis, a não ser àquelas almas que por eles passaram. São uns impulsos vindos do mais íntimo da alma, tão delicados e sutis que não vejo comparação que lhes quadre.

2. É bem diferente de tudo quanto na terra podemos adquirir, até mesmo dos gostos, de que tratamos atrás. Muitas vezes, estando a pessoa descuidada sem ter de Deus memória, desperta-a Sua Majestade, a modo de um cometa que passa de repente, ou de um trovão, embora sem fazer ruído. Entende muito bem a alma que Deus a chamou e de modo tão claro que por vezes, sobretudo nos primeiros tempos, chega a estremecer e até querelar-se, conquanto esse toque divino não produza dor. Sente-se ferida com deveras sabor, mas não sabe dizer como nem quem a feriu; contudo, bem conhece quão preciosa dádiva é aquela, e jamais quisera sarar de tal chaga. Queixa-se com palavras de amor, ainda que exteriores, a seu Esposo; e não está em suas mãos agir de outra maneira porque entende que Ele está presente, mas não se quer manifestar a ponto de deixar gozar de si. É pena intensa e, ao mesmo tempo, saborosa e doce. Ainda que

a alma o quisesse, não poderia deixar de tê-la; mas quão longe está de querer jamais desfazer-se dela! Muito mais a contenta que o embevecimento delicioso, destituído de padecer, que goza na oração de quietação.

3. Estou a desfazer-me para vos dar a entender, irmãs, esta operação de amor, e não acho meio. Parece haver contradição, pois, por uma parte, dá a sentir com clareza o Amado que está com a alma, e, por outra, parece chamá-la com um sinal tão certo que não há dúvidas, e um assobio tão penetrante para ser entendido por ela que não pode deixar de ouvi-lo. Dir-se-ia que, ao falar o Esposo, que está na sétima morada, por um modo de falar em que se não articulam palavras, toda a gente que está pelas outras moradas não ousa mexer-se: nem sentidos, nem imaginação, nem potências.

Ó meu poderoso Deus, quão grandes são vossos segredos! Quão diferentes de tudo quanto se pode ver e entender, cá na terra, são as coisas do espírito, pois esta, tão pequena em comparação com as imensas que obrais, Senhor, nas almas, não há engenho que a possa declarar!

4. É tão poderosa operação que a alma se desfaz em desejos, e não sabe o que pedir, porquanto lhe parece ao claro que está com ela o seu Deus.

Dir-me-eis: Se assim entende, que deseja ela? Ou, que dor pode ter? Ou ainda, que maior bem quer ela? Isto eu não sei; só sei que esse penar parece traspassar-lhe as entranhas e, quando aquele que as fere arranca a seta, decerto é como se as levasse consigo, tal o sentimento de amor que faz experimentar. Estava pensando agora comigo: talvez seja que desse fogo do braseiro incendido que é o meu Deus salte alguma faísca que atinja a alma, de modo que a deixe sentir aquele abrasamento – mas, como não é ainda bastante para consumi-la, e é em si tão deleitoso, causa-lhe aquele penar e produz aquela operação com o seu toque. Parece-me desta vez ter acertado com melhor comparação. É que essa dor deliciosa – que não é dor – não é invariável: embora dure às vezes muito tempo, noutras acaba depressa; tudo conforme o quer comunicar o Senhor, pois não é bem que se possa granjear por nenhum meio humano. Mas, ainda quando acontece prolongar-se, é intermitente: dá e passa. Em suma, jamais é estável, e por isso não acaba de abrasar a alma. Quando a vai já incendiando, morre a centelha, deixando-a com desejo de tornar a padecer aquela amorosa dor.

5. Aqui não há que duvidar. Não é obra nascida da própria natureza, nem causada por melancolia, nem, tampouco, engano do demônio ou da imaginação. Muito bem se entende partir este movimento do centro imutável onde está o Senhor. Não são operações como as produzidas por outros sentimentos de devoção, que nos podem causar dúvida, justamente por ficar nelas tão embebido o gosto. Aqui, ao considerar o que poderá ser aquilo, estão todos os sentidos e potências sem nenhum embevecimento e em nada estorvam, tampouco podem aumentar nem diminuir, segundo me parece, aquela pena deleitosa.

Quem tiver recebido de Nosso Senhor esta mercê – e, se a recebeu, ao isto ler o entenderá – dê-lhe muitas graças e não tenha receio de haver engano. Tema, sim, e muito, o vir a ser ingrato a tão elevado favor; procure esforçar-se por servir a Deus e aperfeiçoar em tudo a própria vida, e verá onde vai parar e como receberá sempre mais e mais. Todavia, sei de uma pessoa que, depois de favorecida com esta graça, durante alguns anos não passou adiante, mas com ela estava deveras satisfeita; e, ainda que tivesse de servir ao Senhor durante um monte de anos em grandes trabalhos, se julgaria só com isto muito bem paga. Seja Ele bendito para todo o sempre. Amém.

6. Podereis fazer-me uma observação: como é que nisto há mais segurança que em outras graças? Em meu parecer, pelas seguintes razões. A primeira: jamais será poderoso o demônio para produzir pena deliciosa como esta. Poderá causar sabor e deleite que pareça espiritual; mas infundir pena, e tão intensa, com quietação e gosto da alma, não é de sua alçada. Todos os seus recursos jogam com as aparências, e suas penas, quando as dá, nunca trazem, a meu ver, sabor acompanhado de paz, senão antes inquietação e guerra. A segunda: esta saborosa tempestade vem de outra região, não daquelas que ele pode conquistar. Terceira:

pelos grandes proveitos que resultam à alma, os quais são, em geral, determinação e propósito de padecer por Deus; desejos de ter grandes trabalhos; muito maior fortitude para se apartar dos contentamentos e conversações da terra, e outros efeitos semelhantes.

7. Não é imaginação; isto é mui claro porque se alguém procurar imitar aquilo de outras vezes, não o conseguirá. E é operação tão notória e evidente que é impossível haver ilusão da fantasia (quero dizer: é impossível imaginar o que de fato não existe), nem duvidar da verdade. Se alguém tiver dúvida – isto é, se ficar sem saber se o experimentou ou não –, saiba que não se trata de verdadeiros ímpetos, pois estes se fazem sentir com força tamanha qual aos ouvidos uma voz possante. Quanto a ser melancolia, não há cabimento algum, porquanto é doença que forma e engendra suas fantasmagorias tão somente na imaginação; ao passo que a graça de que tratamos procede do interior da alma.

É possível que eu me engane, mas até ouvir outras razões de pessoa entendida, sempre estarei firme neste parecer; e sei de uma alma[64] deveras temerosa de ser enganada que nunca pôde ter receio desta oração.

8. Também costuma Nosso Senhor ter outras maneiras de despertar espiritualmente. Estando a alma, a qualquer hora, a rezar em alta voz, descuidada do que lhe vai no interior, parece que lhe sobrevém um deleitoso abrasamento, como se, de súbito, a invadisse um perfume tão penetrante que se lhe comunicasse por todos os sentidos. Não digo que seja perfume ou coisa semelhante: é comparação minha. Tem por fim dar a sentir que está ali o Esposo e mover ao suave desejo de dele gozar. Com isto fica a alma disposta a fazer grandes atos de louvores a Nosso Senhor. O manancial de onde brota esta mercê é o mesmo que produz a outra; mas aqui não há vestígio de pena, nem são pungentes os próprios desejos de gozar de Deus. Esta graça é sentida mais de ordinário. Aqui também, parece, não há que temer, por algumas das razões alegadas acima, senão procurar acolher esta mercê com ação de graças.

---

64. A própria santa.

CAPÍTULO 3

Trata da mesma matéria e diz os modos pelos quais fala Deus à alma quando assim é servido. Avisa como se há de haver ela nestas circunstâncias, não se guiando pelo próprio parecer. Dá alguns sinais para se conhecer quando há ou não engano. É deveras proveitoso este capítulo.

1. Outro modo tem Deus de despertar a alma. Embora até certo ponto pareça maior mercê que as precedentes, poderá oferecer ocasião a enganos, e por isso me deterei um pouco mais nela. São diversas falas do Senhor à alma; umas parecem vir de fora; outras, do mais íntimo da alma; outras ainda, da parte superior do espírito; outras, por fim, tão do exterior que se ouvem com os ouvidos, como se uma voz as articulasse. Algumas vezes, e até não raro, podem ser fruto da imaginação, sobretudo em pessoas fracas de natureza ou melancólicas, quando se trata de alta melancolia.

2. A meu ver, quando são pessoas destas duas classes, não há para que fazer caso, embora digam que veem e ouvem e entendem; nem convém tampouco inquietá-las dizendo-lhes que estão sendo iludidas pelo demônio. O melhor é ouvi-las à semelhança de enfermas – tanto a priora como o confessor a quem se dirigirem –, e aconselhar-lhes que não façam caso dessas coisas; não é o substancial no serviço de Deus; a muitos tem enganado o demônio por esse caminho. E para não as afligir mais, pois já padecem bastante, acrescentem que, esperam, com elas talvez não seja assim. Com efeito, se alguém lhes for dizer que é melancolia, será um nunca mais acabar; são capazes de jurar que o veem e ouvem – porquanto assim de fato lhes parece.

3. Verdade é que será preciso ter cuidado com essas enfermas e, tanto quanto possível, apartá-las do exercício da oração, de modo que as persuadam a não fazer caso dessas falas; porque o demônio costuma aproveitar-se dessas melancólicas para prejudicar mais aos outros que a elas mesmas. Em todo caso, quer se trate de enfermas quer de sãs, nesta matéria sempre há que temer, até que, aos poucos, entenda-se bem o espírito. E sou de opinião que, nos princípios, sempre é melhor desfazer em tudo porque se os favores procederem de Deus, a provação os fará crescer e ajudará ainda mais a alma a ir adiante. Isto é assim; todavia, não convém apertar nem inquietar muito, visto ela não ter, em verdade, nenhuma culpa.

4. Torno agora ao que tratava. Esses diversos gêneros de falas percebidas pela alma podem ser de Deus, e também provir do demônio ou da própria imaginação. Direi, se com o favor de Deus acertar, os sinais por onde podem ser distinguidas e os casos em que serão perigosas essas falas. Como, entre as pessoas dadas à oração, muitas há que ouvem tais palavras, advirto-vos, irmãs, que não tenhais receio de agir mal quando lhes dais crédito, nem tampouco quando não lho dais. Refiro-me ao caso de serem dirigidas somente a vós, quer sejam de regalo, quer de exprobração de vossas faltas. Diga-as lá quem as disser; ainda que seja fantasia, pouco importa! Só um aviso quero dar-vos: ainda que venham de Deus, não vos julgueis melhores por esta causa, pois em demasia falou o Senhor aos fariseus... Todo o bem depende do modo de tirar proveito de tais palavras. E se acontecer alguma não estar conforme à Sagrada Escritura, não façais mais caso dela do que se a ouvísseis do próprio demônio. Ainda que proceda de vossa fraca imaginação, deve ser considerada como tentação em matéria de fé, e, portanto, haveis de sempre resistir, a fim de que esses pensamentos pouco a pouco se desvaneçam; e, por certo, desaparecerão, pois têm pouca força.

5. Tornando ao que dizia: quer venham de dentro, de cima ou de fora, não é isto o que importa para julgar se estas falas

procedem ou não de Deus. Os sinais mais certos que podemos ter, são, ao que me parece, estes: o primeiro e mais verdadeiro é um senhorio e poder que trazem consigo, de modo que o falar é agir. Explico. Está uma alma no cúmulo da tribulação e do alvoroto interior de que falei, com extrema secura e entendimento obscurecido. Com uma única palavra dessas que ouça – como, por exemplo: "Não tenhas pena" – fica sossegada, sem nenhuma tribulação e com grande luz. Desaparece de súbito todo aquele tormento, quando ainda há pouco lhe parecia que todos os letrados e o mundo inteiro juntos a dar-lhe razões para livrá-la daquilo, nada conseguiriam, por mais que trabalhassem. Está atribulada e cheia de temores porque seu confessor e outras pessoas lhe disseram que tem o espírito iludido pelo demônio. Ouve uma só palavra: "Sou eu, nada temas", e logo tudo passa; inunda-se de consolação e parece-lhe que ninguém será capaz de convencê-la do contrário. Trata-se de negócios graves que lhe causam suma inquietação; sente-se apreensiva e não sabe no que darão. Ouve: "Fica tranquila; tudo sucederá bem"; recobra a certeza e já não pode ter pesar. Por este modo acontece em muitas outras circunstâncias.

6. A segunda razão é uma grande serenidade que fica na alma, junto a um recolhimento cheio de devoção e de paz que a move a dar louvores a Deus. Ah! Senhor! Se um recado transmitido por um vosso pajem – pois é ensino corrente que as palavras, ao menos as desta morada, não as diz o próprio Senhor, senão algum anjo – têm tamanha força, que não obrareis quando a alma estiver de todo unida a Vós por amor, e Vós a ela?

7. O terceiro sinal é que estas palavras não se apagam da memória durante tempo deveras longo, e, algumas vezes, nunca se apagam. Pelo contrário, as que têm origem humana se desvanecem: ainda quando as ouvimos de homens muito graves e doutos, não nos ficam tão incrustadas na memória, nem lhes damos tanto crédito como às outras, quando se referem a acontecimentos futuros. As de Deus deixam uma imensa certeza e, embora algumas vezes em coisas, ao que parece, impossíveis,

possa haver alguma dúvida acerca de virem ou não a acontecer, como também surjam no entendimento algumas vacilações, no fundo da alma há uma segurança que não se pode render. Ainda que passem os anos e pareça acontecer em tudo o contrário do que lhe foi dito, não desaparece a convicção de que Deus buscará outros meios, não entendidos dos homens, e que, por fim, se há de fazer; e, com efeito, assim se faz. Contudo, não deixa a alma de padecer quando vê muitos estorvos, porquanto, visto ter decorrido tempo desde que o entendeu e não sendo mais tão vivas como no presente as operações e a certeza vindas de Deus, há ensejo para duvidar e pôr-se a pensar se terá sido obra do demônio ou da imaginação. Na ocasião em que lhe falam, nenhuma dessas vacilações a acomete: seria capaz de morrer por aquela verdade, mas depois, como digo, a assalta o inimigo – que deve ser ele – com todas essas imaginações para afligi-la e torná-la pusilânime. Mormente quando são negócios cuja realização importa em muito bem das almas, ou empresas sobremodo árduas para grande honra e serviço de Deus – que não há de fazer o maligno? Pelo menos entibiará a fé; e já será grande mal o não crer que poderoso é Deus para fazer obras que excedam o alcance de nosso entendimento.

8. Com todos esses embates, embora os confessores digam à mesma pessoa que são desatinos quando lhes fala dessas revelações, e os muitos sucessos contrários pareçam provar que não se hão de cumprir, fica-lhe, não sei onde, uma centelha vivíssima de que tudo se há de realizar. Ainda quando o quisesse, e todas as demais esperanças estivessem mortas, não poderia deixar de ter viva aquela centelha de segurança. E por fim, como já disse, vêm a cumprir-se as palavras do Senhor, de modo que fica a alma tão alegre e contente que não quer senão dar contínuos louvores a Sua Majestade; e muito mais por ver provada a veracidade do que tinha ouvido do que pelo fato em si, ainda quando a interesse em demasia.

9. Não sei a razão de ter a alma tanto empenho em se verificarem essas palavras. Se a convencessem de várias vezes

ter mentido, penso, não sentiria tanto. E acaso pode ela agir à vontade? Não faz mais do que repetir o que lhe dizem... A este propósito, inúmeras vezes lembrava-se certa pessoa do Profeta Jonas, quando temia não se realizar a destruição de Nínive, que houvera profetizado. Enfim, como é espírito vindo de Deus, justo é guardar-lhe fidelidade e desejar não ser tido por falso o que é sobremodo verdadeiro. E assim é grande a alegria quando, depois de mil peripécias, o vê cumprido, em circunstâncias demasiado dificultosas. Ainda quando daí lhe provêm grandes trabalhos, tem gosto em passá-los a troco de ver cumprido o que tem certeza de lhe haver dito o Senhor. Quiçá nem todas as pessoas terão esta fraqueza – se o é –, que eu a não posso condenar.

10. Quando é a imaginação que age, não se observa nenhum destes sinais: nem certeza, nem paz, nem gosto interior. O que se poderia dar – e até sei de certas almas a quem tem acontecido, ao estar elas muito embebidas em oração de quietação e sono espiritual – é o que vou dizer. Algumas há que, por serem fracas de natureza ou de imaginação, ou por qualquer outra causa, ficam a tal ponto fora de si nesse estado de grande recolhimento que, de fato, nada percebem no exterior. Todos os sentidos parecem dormitar, qual numa pessoa adormecida, e pode ser até que, com efeito, o estejam; e, então, a modo de sonho, têm a impressão de ouvir falas e mesmo de ver certas coisas. Pensam que tudo vem de Deus, mas, afinal, os efeitos que lhes ficam são como de um sonho. Poderia também acontecer que, pedindo de modo afetuoso uma graça a Nosso Senhor, lhes pareça ouvir aquilo que deseja; e este caso se dá algumas vezes. Quem, contudo, tiver muita experiência das falas de Deus, não poderá, creio eu, deixar-se levar por esses enganos da imaginação.

11. Do demônio há mais que temer. Quando, porém, se constatam os sinais que referi, pode haver muita segurança de procederem de Deus as falas: ainda que não a ponto de ser lícito agir sem parecer de confessor douto, avisado e

servo de Deus, quando se trata de coisa grave, de alguma obra a empreender, ou de negócios de terceiras pessoas. Isto nem passe a alguém pela imaginação, por mais que ouça e entenda, e, ainda, lhe pareça com demasiada clareza proceder de Deus a ordem. Tal sujeição é querida por Sua Majestade; e não é deixar de fazer o que Ele manda, pois nos diz que tenhamos o confessor em seu lugar[65]. Que estas palavras, das quais não podemos duvidar serem suas, porquanto estão no Evangelho, nos ajudem a cobrar ânimo, se é empresa custosa; e Nosso Senhor, de sua parte, se o quiser, alentará o confessor, dispondo-o a crer que é o Espírito de Deus quem fala. Quando assim não suceder, não está obrigada a alma a fazer mais. Agir de outro modo nesta matéria e guiar-se pelo próprio parecer, tenho-o por temeridade; e assim vos admoesto, irmãs, em nome de Nosso Senhor, que isto jamais vos aconteça.

12. Outro modo existe de falar o Senhor à alma, cuja origem divina tenho por muito certa. É com alguma visão intelectual, de que tratarei adiante. É tão no íntimo, as palavras se ouvem tão ao claro da boca do próprio Senhor, com os ouvidos da alma, e tão em segredo, que o próprio modo de as entender e os efeitos operados pela sobredita visão dão segurança e certeza de que ali o demônio não pode ter parte. Deixa grandes frutos que confirmam esta crença. Pelo menos, fica a segurança de que não procedeu da imaginação tanto bem. Aliás, quem andar com advertência poderá sempre tê-la pelas seguintes razões. A primeira: não pode deixar de haver diferença quanto à clareza, porquanto as falas que vêm de Deus são tão nítidas que não se pode esquecer uma sílaba sem logo acudir com ela a memória; e não se consegue substituir uma expressão por outra, embora equivalente. Pelo contrário, quando provém da imagina-

---

65. Lc 10,16: Quem vos ouve a mim ouve, e quem vos rejeita a mim rejeita, e quem me rejeita também rejeita aquele que me enviou.

ção, não têm as falas a mesma nitidez, nem são tão distintas as palavras. Parece coisa um tanto quanto sonhada.

13. A segunda: muitas vezes nem cuidava a pessoa no que ouve. É a qualquer hora, e até mesmo estando em conversação com outros. Todavia, acontece também, não raro, as palavras responderem a algum pensamento súbito, ou ao que antes se tinha pensado. De outras vezes, referem-se a fatos que nunca lhe passaram pela cabeça, como se devessem acontecer algum dia, ou fossem ao menos possíveis; e, portanto, a imaginação não pode ter fabricado enganos e ilusões acerca do que ela nunca desejou, nem quis, nem mesmo soube que existia.

14. A terceira: nas falas de Deus está a alma como quem ouve; nos devaneios da imaginação, como quem pouco a pouco elabora por si mesmo aquilo que desejaria ouvir.

15. A quarta: são muito diferentes as palavras divinas. Uma só delas abrange tantos ensinamentos que seríamos incapazes de compô-los tão depressa por nós mesmos.

16. A quinta: muitas vezes, junto com o que se ouve, compreendem-se por inefável modo muitas outras coisas que nos são comunicadas sem palavras.

Noutra parte demorar-me-ei neste modo de entender, que é muito delicado e próprio para nos fazer louvar a Nosso Senhor. Estes diversos gêneros de falas têm ocasionado várias dúvidas a algumas pessoas, que, ao receberem tais graças, não podiam se tranquilizar. Haverá muitas, mas sei de uma, sobretudo, que o tem considerado com grande advertência, porquanto inúmeras vezes é favorecida desta mercê do Senhor, e sua maior dúvida nos princípios era se porventura lhe procedia aquilo da imaginação, pois quando vem do demônio, é mais fácil conhecê-lo, conquanto ele, com suas múltiplas sutilezas, saiba fingir-se bem de anjo de luz. Entretanto, poderá, em meu ver, imitar a clareza das palavras a ponto de sentirmos certeza de tê-las ouvido, como acontece quando fala o Espírito de verdade; mas nunca logrará arremedar os efeitos acima ditos, nem inundar de paz e de luz a alma; antes, deixará inquietação e alvoroto. Pouco ou nenhum dano, porém, consegue fazer se a alma é humilde e, como recomendei, não se move com leviandade a empreender coisa alguma, por mais palavras que ouça.

17. Se se trata de favores e regalos do Senhor, examine com atenção se, por esta causa, se tem em conta de estar melhor; e se não ficar tanto mais confundida quanto mais cheias de amor são as palavras divinas, creia que não é espírito de Deus. Quando o é, por maior que seja a mercê, mais pequenina se sente a alma. Isto é coisa muito certa. Lembra-se muito de seus pecados e pouco de seu interesse; emprega toda a vontade e memória em querer só a glória de Deus e nem se recorda de seu proveito próprio; até no mínimo ponto anda com mais temor de se apartar da Divina Vontade e com plena certeza de ter merecido não aquelas mercês, mas sim o inferno. Se de todos os favores e graças que recebe na oração resultarem estes efeitos, não ande assustada: confie na misericórdia do Senhor, que é fiel e não permitirá que a engane o demônio. Contudo, sempre é bom conservar algum temor.

18. As pessoas que o Senhor não leva pelo mesmo caminho cuidarão talvez que estas almas poderiam não prestar ouvidos às palavras que lhes dizem, ou distrair-se quando as percebem no interior, e, deste modo, não lhes dando entrada, viveriam sem tantos perigos. A isto respondo que é impossível. Não me refiro às que são engendradas pela imaginação; pois o remédio para estas é não apetecer muito coisa alguma nem fazer caso dessas fantasias. Quanto às verdadeiras, não há resistir. O mesmo espírito que fala impõe silêncio a todos os demais pensamentos e faz prestar atenção às suas palavras. Mais possível me parece – e creio que, com efeito, assim é – uma pessoa dotada de ótima audição não ouvir a outra que clame em altos brados. Sim, porque em tal caso restaria o recurso de distrair-se e pôr a atenção e o entendimento em outro objeto; mas no que tratamos não se pode agir assim.

Não há, em absoluto, ouvidos a tapar, nem possibilidade de pôr o pensamento a não ser naquilo que se lhe diz aquele que, a rogos de Josué – creio eu – fez parar o Sol[66], e é poderoso para fazer parar todo o interior com suas potências, de tal modo que a alma experimenta bem em si como outro Senhor maior que ela governa aquele castelo. Isto a enche de suma devoção e humildade. Assim, pois, não há meio nem remédio algum para escusar as falas sobrenaturais. Valha-nos a Divina Majestade para que só ponhamos a mira em contentá-lo e nos esqueçamos de nós mesmos, como vos tenho dito. Amém.

Praza a Deus tenha eu acertado a dar-vos a entender o que procurei explicar-vos, e sirva isto de algum aviso e utilidade para quem o tiver.

---

66. Cf. Js 10,12-13.

CAPÍTULO 4

Trata de quando, na oração, suspende o Senhor a alma em arroubamento, êxtase ou arrebatamento, nomes que lhe parecem designar a mesma coisa, e como é mister grande ânimo para receber altas mercês de Sua Majestade.

1. No meio dos trabalhos sobreditos e de muitos outros, que sossego pode ter a pobre e pequenina mariposa? Tudo serve para mais aumentar nela os desejos de gozar do Esposo: e Sua Majestade, como bom conhecedor da nossa fraqueza, aos poucos a habilita por esses e por vários outros meios a fim de que venha a ter ânimo para se unir com tão grande Senhor e tomá-lo por Esposo.

2. Decerto vos rireis do que vos digo e tomarão por desatino. Qualquer de vós julgará desnecessário o ânimo, pois que mulher haverá de tão baixa estirpe que o não tenha para desposar-se com o rei? Com o da terra, também eu o creio; mas com o Rei do céu, asseguro-vos, é indispensável ter coragem, mais do que supondes, porque nosso natural é muito tímido e mesquinho para tão sublime dignidade. Tenho como certo que se Deus não confortasse, por mais evidente que fosse o proveito, seria impossível alguém ousar tanto. Vede, pois, o que faz Sua Majestade para concluir este desposório. Entendo eu que deve ser este o motivo de dar à alma arroubamentos que a tiram dos sentidos; porquanto, se, ao usá-los, se visse tão perto desta imensa Majestade, talvez não lhe fosse possível conservar a vida. Refiro-me a arroubamentos reais, e não a fraquezas de mulheres, que por vezes sentimos e logo nos parecem arrebatamentos e êxtases. E, segundo julgo ter exposto atrás, há naturezas tão débeis que, com uma simples oração de quietação, quase morrem.

Como tenho tratado com tantas pessoas espirituais, quero consignar aqui algumas espécies de arroubamentos dos quais tenho notícia. Não sei se me será dado acertar, como noutra parte[67] em que escrevi acerca deste e de alguns outros assuntos que, por certas razões, parece-me conveniente repetir aqui – ainda quando não seja senão para juntar tudo quanto diz respeito a estas moradas.

3. Um modo há de arroubamento em que, ainda fora da oração, ao ser tocada a alma por alguma palavra de que se recorda ou ouve de Deus, parece que Sua Majestade, desde o interior onde se acha, movido de piedade por tê-la visto padecer tanto tempo a desejá-lo, faz crescer a centelha de que já tratamos. E, abrasando-se toda, como outra fênix, fica renovada, e, segundo piedosamente se pode crer, são-lhe perdoadas suas culpas. Já se entende que para isto há de estar com as disposições requeridas e ter usado dos meios, como a Igreja ensina. Assim purificada, une-a o Senhor consigo. Isto ninguém o entende senão eles dois. Nem a própria alma o sabe de modo que possa explicá-lo depois, conquanto não esteja privada dos sentidos interiores, pois não é como uma pessoa acometida por um desmaio ou outro acidente semelhante que nada percebe, quer em seu interior quer em seu exterior.

4. Neste caso, tenho por certo que nunca esteve tão desperta para as coisas de Deus, nem com tão grande luz e conhecimento de Sua Majestade. Parecerá isto impossível. Com efeito, se estão as potências tão absortas que as podemos dizer mortas, e os sentidos também – como se pode afirmar que entende esses segredos? Isto não o sei eu, nem talvez criatura alguma, mas somente o próprio Criador; e o mesmo acontece a outros muitos mistérios próprios deste estado, isto é, destas duas moradas. Bem se poderiam juntar, esta e a última, porque de uma para a outra não há porta fechada; mas, como na sétima há segredos não manifestados aos que ainda não chegaram a ela, achei bom dividi-las.

---

67. *Livro da vida*, cap. 20.

5. Quando, estando a alma nesta suspensão, o Senhor há por bem de mostrar-lhe alguns segredos, como de coisas do céu e visões imaginárias, ela sabe exprimir-se depois, e de tal modo lhe fica impresso na memória, que jamais o olvida. Mas quando são visões intelectuais, não o sabe dizer do mesmo modo. Deve ser porque, nesse tempo, algumas há tão sublimes que não é conveniente ao homem viajor ainda na terra entendê-las a ponto de podê-las repetir. Outras visões intelectuais há, porém, que a alma consegue traduzir quando retoma o uso dos sentidos. Talvez haja entre vós quem não entenda o que é visão, sobretudo intelectual. A seu tempo vo-lo explicarei, porquanto assim mo ordenou quem pode, e, embora pareça coisa impertinente, será talvez de proveito para algumas almas.

6. Podereis objetar: se depois não há de ficar memória distinta dessas mercês tão elevadas que então faz o Senhor à alma, qual o proveito delas? Ah! filhas, é tão grande que não se pode encarecer; pois, embora ninguém as saiba exprimir, no mais íntimo da alma ficam bem gravadas e jamais se apagam. Mas – direis – se não têm imagem nem são percebidas pelas potências, como podem deixar de si lembrança? Também eu não o entendo, mas sei que a alma conserva tão fixas algumas verdades da grandeza de Deus, que, ainda na hipótese de não lhe ensinar a fé quem é Deus e a obrigação que há de crer nele, desde aquele instante o adoraria como Supremo Senhor. Assim aconteceu a Jacó ao contemplar em sonhos a escada[68]. Junto a ela, embora não o tenha sabido exprimir, devia entender outros segredos, pois, só por ver uma escada pela qual baixavam e subiam anjos, não teria penetrado tão grandes mistérios se não lhe fosse dada maior luz interior.

7. Não sei se atino no que digo, porquanto, ainda que já o tenha ouvido explicar, não me fio em demasia na minha memória. Tampouco soube Moisés[69] declarar tudo o que viu na sarça:

---

68. Cf. Gn 28,12.
69. Cf. Ex 3,2.

limitou-se ao que Deus lhe ordenou que dissesse. Se Deus não se lhe mostrasse no interior os seus segredos, infundindo-lhe certeza para que visse e cresse que era o Senhor, não se meteria em tão ingentes e numerosos trabalhos. Mas tão grandes coisas deve ter percebido, dentro dos espinhos daquela sarça, que lhe deram ânimo para fazer o que fez pelo povo de Israel. Por conseguinte, irmãs, quando se trata dos ocultos desígnios de Deus, não havemos de buscar razões para entendê-los. Antes, devemos crer com evidência que uns pequenos vermes de tão limitado alcance como nós não estão à altura de compreender as divinas grandezas. Louvemos muito ao Senhor por se ter servido de nos dar a conhecer algumas delas.

8. Quero ver se acerto com uma comparação que esclareça um pouco isto que digo, e nenhuma acho que me quadre; contudo, usarei desta. Imaginemos que entrais num aposento, como o têm os reis e os grandes senhores, onde se conservam muitos objetos de preço e um sem-número de vasos de cristal e de porcelana de todos os feitios, arrumados com tal ordem que se veem quase todos logo ao entrar. É o que chamam *camarim*, creio eu. Levaram-me uma vez a uma sala dessas em casa da Duquesa de Alba, onde tive de pousar, de volta de uma viagem, por obediência aos meus superiores que assim o concederam aos incessantes rogos desta senhora. Espanta-me ao entrar, pois considerei comigo mesma para que poderia servir aquela mixórdia de coisas; e pareceu-me que dessa mesma diversidade se poderia tirar motivo para louvar ao Senhor. Agora acho graça ao ver que vou lançar mão do camarim para me explicar. Ali estive algum tempo; mas era tanto o que se me oferecia à vista que logo esqueci tudo, a tal ponto que nenhuma daquelas quinquilharias me ficou na memória, nem sou capaz de dizer qual o feitio delas. É como se nunca as tivesse visto; todavia, em conjunto, recordo-me do que vi. Assim acontece quando a alma, tão feita uma só com Deus, está metida nesse aposento semelhante ao céu empíreo, que devemos ter em nosso interior – pois se Deus habita em nós, claro está que alguma destas

moradas há de ser um camarim celeste. E, ainda que nem sempre o Senhor permita à alma ver tais segredos durante o êxtase porquanto tão embebida está em gozar de Sua Majestade que lhe basta tão sumo Bem, algumas vezes gosta Ele que se desembeba e veja, de passagem, o que encerra aquele aposento. E assim lhe fica, ao tornar a si, alguma lembrança das grandezas que lhe foi dado contemplar, mas não sabe referir nenhuma, nem chega seu fraco natural a mais do que a ver o que Deus lhe mostrou de modo sobrenatural.

9. Dir-me-eis que já confessei que viu, e, portanto, houve representação imaginária. Não quero dizer tal coisa, nem trato senão de visão intelectual; mas, como não tenho letras, minha ignorância não sabe exprimir o que pretendo, e se o que tenho dito até agora acerca desta oração estiver bem declarado, compreendo ao claro que não foram minhas as palavras. Tenho para mim que se a alma a quem o Senhor dá arroubamentos não entende, uma vez por outra, segredos desses, é que, portanto, não foram verdadeiros êxtases. Foi alguma fraqueza natural, própria de pessoas de compleição débil – como somos nós, mulheres –, quando, com algum ímpeto de espírito que sobrepuje o natural, se quedam assim embebidas, segundo julgo ter explicado na oração de quietação. Isto nada a ver tem com arroubamento, porquanto neste, quando é real, podeis crer-me: rouba Deus toda a alma para si, e, como a quem lhe pertence e é já esposa sua, lhe mostra alguma pequenina parcela do reino que para ela conquistou, a qual, por mínima que seja, é imensa, como tudo o que há neste grande Deus. E o Senhor não admite estorvo ou resistência de parte alguma, quer das potências, quer dos sentidos. Num instante, manda que, de repente, fechem-se as portas de todas as moradas, de modo que fique aberta só a da sala onde Ele está a fim de nos dar entrada. Bendita seja tamanha misericórdia! Com justo motivo serão malditos os que dela não se quiserem aproveitar e perderem a este Senhor!

10. Ó irmãs minhas, em verdade é nada o que deixamos, é nada quanto fazemos e quanto pudermos fazer por um Deus que assim se quer comunicar a uns pequenos vermes como nós! E – se temos esperança de gozar deste bem ainda nesta vida –, que fazemos nós? Em que nos detemos? Que empecilho é assaz forte para, por um momento, deixarmos de buscar a este Senhor, como o fazia a Esposa pelas praças e arrabaldes?[70] Ah! ninharia é tudo o que no mundo existe se não nos conduz e ajuda nesta empresa, ainda que para sempre durassem os deleites, riquezas e gozos, por maiores que se possam imaginar! Tudo é cisco e digno de asco em comparação dos infindos tesouros que havemos de fruir! E ainda estes nada se comparam à glória de termos por nosso ao Senhor do céu e da terra e de todos os tesouros.

11. Ó cegueira humana! Até quando, até quando assim permaneceremos sem tirar de nossos olhos esta terra? Mesmo entre nós, embora pareça não ser tanta que nos cegue de todo, vejo uns diminutos argueiros, uns pequenos defeitos que, se os deixarmos crescer, bastarão para fazer-nos grande dano. Não assim, irmãs, pelo amor de Deus! Antes, aproveitemo-nos das próprias faltas para conhecer nossa miséria, e elas nos darão melhor vista qual o lodo com que nosso Esposo sarou o cego. Quando nos virmos tão imperfeitas, redobremos as súplicas para que o Senhor tire de nossas mesmas misérias a sua glória, e em tudo possamos contentar a Sua Majestade.

12. Sem reparar, muito me apartei do assunto. Perdoai-me, irmãs, e crede-me que, ao chegar a estas grandezas de Deus, quero dizer, ao delas tratar, não posso deixar de condoer-me em demasia ao ver quanto perdemos por nossa culpa. Sim, porque embora seja verdade que esses favores os dá o Senhor a quem lhe apraz, se amássemos a Sua Majestade como Ele nos ama, a todas nós os concederia. Outra coisa não anela

---

70. Cf. Jo 9,6-7.

senão ter com quem os repartir, pois suas riquezas não diminuem, por mais que as prodigalize.

13. Volto, pois, ao que expunha. Em querendo arrebatar a alma, ordena e manda o Esposo cerrar as portas das moradas, e até mesmo as do castelo e da cerca[71]. E ei-la que perde o fôlego, a tal ponto que, mesmo quando conserva um pouquinho mais os outros sentidos – como acontece algumas vezes –, em absoluto, não pode falar. Outras vezes, de repente, os perde todos; esfriam-se-lhes as mãos e o corpo, de modo que parece não mais ter vida. Nem se pode entender se ainda respira. No mesmo estado dura isto pouco tempo, porquanto, ao diminuir um pouco a suspensão, parece que o corpo vai tornando a si e cobrando alento; mas logo torna a morrer, para dar maior vigor à alma. Contudo, não dura muito este tão grande êxtase.

14. Acontece, porém, ainda depois de passado, ficar a vontade tão embebida e o entendimento tão absorto que assim permanecem o dia todo e até vários dias. Parece não estar capaz a alma para se aplicar senão àquilo que lhe desperta a vontade a amar; para isto está bem desperta, mas adormecida para tratar com alguma criatura ou apegar-se a ela.

15. Oh! Quando torna de todo a si, quanta confusão lhe fica! E que imensos desejos de se empregar em Deus por todas as maneiras em que quiser dela se servir! Se as orações de que falei atrás deixam os grandes efeitos referidos, que fará tão imensa mercê como é esta? Quisera ter mil vidas para empregá-las todas em Deus; quisera que tudo quanto há na terra, todas as criaturas fossem línguas para louvarem-lhe em seu nome. Imensos desejos tem de fazer penitência, e não lhe custa muito fazê-la, porquanto, pela veemência do amor, tudo lhe parece pouco. Vê ao claro que não faziam muito os mártires que padecem todos os tormentos porque, com este auxílio de Nosso Senhor, tudo é fácil; e assim se queixa a Sua Majestade quando não se lhe oferece em que padecer.

---

71. Termo antigo que designa a chácara do mosteiro.

16. Quando recebe em segredo esta mercê, considera-a muito grande; mas quando é em público, sente tal confusão e vergonha que de algum modo se lhe diminui o gozo em virtude do cuidado e da pena que sente ao imaginar o que pensarão os circundantes. É que, bem conhecendo a malícia do mundo, entende que quiçá não reconhecerão a fonte de onde aquilo procede, e, em vez de darem ao Senhor os devidos louvores, talvez tomem daí ocasião para emitir juízos contrários. De certo modo parece-me haver falta de humildade nessa pena e confusão; mas não se consegue dominá-la. Com efeito, se a pessoa deseja ser vituperada, que se lhe dá? Assim, uma que estava em semelhante aflição ouviu de Nosso Senhor: "Não te aflijas, porque ou me louvarão a mim ou murmurarão de ti; e em qualquer dos casos sairás com lucro".[72] Tive depois ocasião de saber que ela muito se animou e consolou com estas palavras, e por isso aqui as deixo para proveito de alguém que se veja no mesmo caso. Nosso Senhor parece querer dar a entender a todos que aquela alma já é sua e ninguém há de tocá-la. No corpo, na honra, na fazenda, está bem, que tudo resultará honra para Sua Majestade; mas na alma, isso não! A não ser que ela, com inconcebível atrevimento, se aparte de seu Esposo, Ele lhe servirá de amparo contra todo o mundo, e até contra o inferno inteiro.

17. Não sei se fica dado a entender alguma coisa do que é arroubamento; pois, como já disse, tudo é impossível explicar. Creio que nada perdi em dizê-lo, para dar a entender quando o é de fato, pois muito distintos são os efeitos dos arroubamentos fingidos. Não digo fingidos porque a pessoa que os tem queira enganar, senão porque está enganada. E, como os sinais e efeitos não estão de acordo com tão elevada mercê, fica infamada, de modo que depois, com razão, não se dá crédito a quem o Senhor a faz de verdade. Seja Ele para sempre bendito e louvado. Amém.

---

72. *Livro da vida*, cap. 31.

CAPÍTULO 5

Prossegue ao dizer como levanta Deus a alma por uma operação distinta da que fora tratada. É o que se chama voo de espírito. Explica várias causas pelas quais é necessário ter ânimo. Procura declarar, em parte, esta mercê que faz o Senhor de modo muito saboroso. É deveras proveitoso.

1. Há outro gênero de arroubamentos a que chamo voo de espírito, que, embora seja em substância a mesma coisa, é muito diferente pelo que no interior se experimenta. Com efeito, algumas vezes, sente a alma, muito de súbito, um movimento tão acelerado que parece arrebatarem-lhe o espírito com uma velocidade que infunde grande temor, mormente nos primeiros tempos. Por esta causa vos dizia eu que é mister ânimo valoroso a quem Deus há de conceder tais mercês; e também fé, confiança e inteira resignação para que faça Nosso Senhor da alma o que bem quiser. Pensais que é pequena turbação estar uma pessoa por inteiro em seus sentidos e ver que de repente lhe arrebatam a alma? E temos lido casos em que até o corpo a acompanha sem saber aonde e como vai, tampouco quem o leva; pois aos princípios não há tanta certeza de vir de Deus este transporte repentino.

2. E haverá algum remédio para poder resistir-lhe? Nenhum, em absoluto; antes, é pior. De uma pessoa tive ocasião de saber que então parece querer Deus mostrar à alma – pois tantas vezes e com tanta sinceridade entregou-se em suas mãos e com tão inteira resolução se ofereceu por inteiro a Ele – para que entenda que já não é dona de si mesma, e, de modo ainda mais notável, é arrebatada com o mais possante ímpeto. A mes-

ma pessoa já resolvera não fazer mais resistência do que uma palha quando atraída pelo âmbar, como talvez já o tenhais visto, e deixar-se nas mãos de quem tão poderoso é, vendo que o mais acertado é fazer, da necessidade, virtude. Fiz esta comparação porquanto decerto assim é, e com a facilidade com que um homem de grandes forças pode arrebatar uma palhinha, este nosso Gigante imenso e todo-poderoso arrebata o espírito.

3. Estareis lembradas daquele reservatório de água de que tratamos, creio, na quarta morada – pois não me recordo bem. Como se enchia com tamanha suavidade e mansidão sem nenhum movimento! Aqui, este grande Deus, que detém as fontes das águas e não permite que o mar saia de seus termos, abre todas as represas aos mananciais de onde vinha a água a esse reservatório; e, com grande ímpeto, levanta-se uma onda tão possante que faz subir muito alto o pequeno batel de nossa alma. E assim como nem o piloto nem todos os que governam uma nave são poderosos para manterem-na à vontade quando as ondas se encapelam com furor, muito menos pode a alma deter-se por inteiro como quer, nem mandar que seus sentidos e potências façam outra coisa senão o que lhes é ordenado. Quanto ao exterior, aqui não se faz caso dele.

4. Asseguro-vos, irmãs, que só de escrever isto me sinto atemorizada ao ver como se mostra aqui a onipotência deste grande Rei e Imperador. Que não há de sentir quem o experimenta! Tenho para mim: se aos que andam muito perdidos pelo mundo se lhes descobrisse Sua Majestade como a estas almas – ainda quando não fosse por amor –, por medo não ousariam ofendê-lo. E ah! quão obrigados estarão os que, por caminho tão sublime, aprendem a procurar, com todas as suas forças, não opor resistência a este Senhor! Por Ele vos suplico, irmãs – dirijo-me àquelas dentre vós que tiverem sido favorecidas por Sua Majestade com estas mercês e outras semelhantes – que não vos descuideis e contentem-vos só com receber. Olhai que muito há de dar quem muito deve[73].

---

73. Lc 12,48.

5. Também para isto é necessário grande ânimo, pois é coisa que muito costuma acovardar. E se Nosso Senhor não lho incutisse, andaria sempre a alma demasiado aflita. Com efeito, ao voltar o olhar ao que Sua Majestade faz por ela, e, depois, voltando-o a si, ver quão pouco lha corresponde, embora tão obrigada, e ainda vê que esse pouquinho é tão cheio de faltas e negligências e frouxidão, tem por melhor, ao fazer alguma obra, não se lembrar com que tamanha imperfeição a fez e procurar esquecê-la. Põe seus pecados diante de si e atira-se nos braços da misericórdia de Deus; pois, não tendo com que pagar, deixa que a tudo supra a piedade e clemência que sempre teve o Senhor para com os pecadores.

6. Porventura lhe responderá Ele como a uma pessoa que, pela mesma razão, estava muito aflita diante de um crucifixo, considerando como nunca tivera nada que dar a Deus, nem que deixar por Ele. Disse-lhe o mesmo crucificado, consolando-a: que Ele lhe fazia entrega de todos os trabalhos e dores pelos quais havia passado em sua paixão; e, portanto, os tivesse por próprios e os oferecesse a seu Pai[74]. Ficou tão rica e consolada aquela alma, segundo pude entender, que jamais o esqueceu; antes, cada vez que se considera tão miserável, com esta lembrança fica animada e cheia de consolação. Alguns fatos semelhantes poderia eu aqui relatar, porquanto tenho tratado com muitas pessoas santas e dadas à oração, e sei de muitos; mas, para não pensardes que sou eu, prefiro não ir adiante. Isto que vos contei me parece de grande proveito para entenderdes como se contenta Nosso Senhor de que nos conheçamos e procuremos sempre considerar nossa pobreza e miséria, vendo como nada possuímos sem o termos recebido. Assim, irmãs minhas, para isto e outras muitas coisas que se oferecem à alma quando o Senhor a eleva até este ponto, é necessário ânimo; e, se há humildade, segundo me parece, é mais imprescindível para o que acabei de dizer. O Senhor no-la dê por quem Ele é.

---

74. Isto aconteceu com Santa Teresa, como se vê na Relação 51 (cf. Apêndice 2).

7. Tornemos agora a esse precipitado arrebatar do espírito. É tão veemente que parece, na verdade, sair do corpo a alma; e, por outro lado, claro está que a pessoa não fica morta. Ao menos não pode dizer se, durante alguns instantes, está ou não unida ao corpo. Parece-lhe que, toda inteira, esteve em outra religião muito diferente desta em que vivemos, onde se lhe mostra outra luz deveras superior à da terra que, se toda a sua vida ela se ocupasse em imaginá-la ao lado com outras coisas que então vê, seria impossível alcançá-las. E acontece que, num momento, lhe ensinam tantas grandezas juntas que se em muitos anos trabalhasse para as ordenar com a imaginação e o pensamento, não poderia conceber nem a milésima parte. Isto não é visão intelectual, e sim imaginária, na qual vê com os olhos da alma muito melhor do que enxergamos com os do corpo, e sem nenhuma palavra recebe a compreensão de várias coisas. Por exemplo, se lhe aparecem alguns santos, conhece-os como se houvesse tratado muito com eles.

8. Outras vezes, ao lado do que avistam os olhos da alma, se lhe representam, por visão intelectual, outros objetos, mormente multidões de anjos com o Senhor deles; e, sem nada distinguir, nem com os olhos do corpo nem com os da alma, aprende outras muitas coisas deveras inefáveis, e isto por meio de um admirável conhecimento que não sou capaz de explicar. Quem receber estas mercês e tiver mais habilidade do que eu, talvez as saiba dar a entender, conquanto me pareça bem difícil. Se, enquanto isto lhe acontece, está ou não a alma unida ao corpo, não o sei dizer: ao menos não juro que nele esteja, nem tampouco que esteja fora dele.

9. Muitas vezes tenho pensado comigo mesma: não será à semelhança do sol, o qual, embora esteja no céu e não se mude de onde está, tem tanta força em seus raios que, de repente, os faz chegar até nós? Assim, a alma e o espírito são uma mesma coisa, como o sol e seus raios; contudo, ao ficar ela em seu posto, pode, por alguma parte superior do espírito, sair acima de si mesma pela força do calor que lhe vem do verdadeiro Sol

de Justiça. Enfim, não sei o que digo. A verdade é que, com a presteza de uma bala lançada por um arma quando se faz fogo, levanta-se no interior um voo – pois não sei dar-lhe outro nome. Não faz ruído, mas opera um movimento tão claro que em absoluto não pode ser fruto da imaginação; e a alma, toda fora de si mesma, tanto quanto se pode entender, vê as grandes coisas que lhe são mostradas. Quando volta a si, está com tão imensos lucros e tem em tão pouco as coisas da terra, que todas lhe parecem cisco em comparação do que viu. Daí em diante vive muito penada, e tudo o que lhe costumava causar prazer não lhe infunde a menor consolação. Dir-se-ia que lhe quis mostrar o Senhor algum vislumbre da terra para onde a vai levar – assim como mensageiros do povo de Israel trouxeram amostras da terra da promissão[75] – para que melhor passe os trabalhos deste caminho tão penoso e saiba onde há de ir repousar. Conquanto não vos pareça de muito proveito esta graça, por passar tão depressa, na realidade são tantos os bens que deixa na alma que só quem os experimenta poderá entender-lhes o valor.

10. Por aí se vê que é impossível proceder da imaginação. Também não pode ser obra do demônio, pois não tem ele poder para apresentar coisas que tanta operação, paz, sossego e aproveitamento produzem na alma. Em especial, três são os frutos que deixa em elevado grau. O primeiro: conhecimento da grandeza de Deus, a qual se nos dá a entender na medida das luzes maiores que temos a seu respeito Ele. O segundo: o próprio conhecimento e humildade ao ver como criatura tão baixa em comparação do Criador de tantas grandezas ousou ofendê-lo; até mesmo não sabe como se atreve a pôr nele os olhos. O terceiro: baixo apreço de todas as coisas da terra, com exceção das que lhe podem ser úteis para serviço de tão grande Deus.

---

75. Cf. Nm 13,18-24.

11. São estas as joias que o esposo começa a dar a sua esposa, e são de tão exímio valor que ela as guarda em lugar seguro. De tal modo lhe ficam impressas na memória essas vistas que julgo impossível olvidá-las até lhe ser dado gozá-las para sempre, a menos que, para seu imenso mal, venha a ser infiel. Mas o Esposo que lhas dá é poderoso para lhe conceder graça de que as não perca.

12. Torno agora à necessidade de ter ânimo. Julgais que não tenha importância o ver-se a alma arrancada ao corpo, segundo lhe parece, pois sente que perde aos poucos os sentidos e não entende qual o motivo? Preciso é que lhe infunda coragem aquele mesmo que lhe dá tudo o mais. Dir-me-eis que boa paga recebe por este temor. O mesmo digo eu. Seja para sempre louvado aquele que pode dar tanto! Praza a Sua Majestade assistir-nos com a sua graça para que mereçamos servi-lo! Amém.

CAPÍTULO 6

Em que diz como a oração explicada no capítulo precedente produz um efeito pelo qual se entende ser graça verdadeira, e não engano. Trata de outra mercê que faz o Senhor à alma com o fim de a mover a seus louvores.

1. Depois de ter recebido tão altas mercês, fica a alma tão desejosa de gozar plenamente daquele Senhor que lhas concede a ponto de viver em grande tormento, conquanto saboroso. Experimenta imensas ânsias de morrer; com lágrimas, pede de modo incessantes a Deus que a tire deste desterro. Tudo quanto nele vê a deixa cansada; se tem algum alívio quando está na solidão, logo lhe volta aquela saudade; e se a não sente, já não reconhece a si mesma. Em suma, não consegue esta pequenina mariposa achar assento nem descanso; antes, como anda a alma tão terna no divino amor, qualquer ocasião propícia para mais a incender nesse fogo a faz voar. E assim, nesta morada, são muito contínuos os arroubamentos, sem haver meio de evitá-los, ainda mesmo em público; e logo se desencadeiam as perseguições e os ditos mordazes. Ainda que ela queira andar sem temores, não lho permitem, porquanto muitas são as pessoas que lhe põem medo, em especial os confessores.

2. No seu íntimo, embora por uma parte tenha impressão de grande segurança, sobretudo ao estar a sós com Deus, por outra sofre grandes aflições, visto ter receio de ser enganada pelo demônio e vir a ofender a seu Deus, a quem tanto ama. Quanto às murmurações, não sente muito, exceto quando é o próprio confessor que a repreende. Como se ela pudesse resistir àquelas mercês!... Por isso não faz senão pedir orações a todos

e suplicar a Sua Majestade que a leve por outro caminho, porquanto assim lhe aconselham, pois este lhe representam como tão perigoso. Não podendo, entretanto, deixar de constatar em si grande aproveitamento, e reconhecendo, pelo que lê, ouve e sabe dos Mandamentos da Lei de Deus, que essa estrada a leva ao céu, em seu íntimo não consegue desejar outra, por mais que procure, e abandona-se nas mãos de Deus, conquanto essa mesma incapacidade de desejá-lo lhe cause mágoa pelo receio de desobedecer ao Confessor, pois sabe que, para não ser enganada, está todo o seu remédio em obedecer-lhe e não ofender a Nosso Senhor. Com efeito, não cometeria um pecado venial caso fosse advertida, ao que lhe parece, ainda que a despedaçassem, de modo que toda a sua aflição é ver que não pode deixar de cometer muitos sem se dar por isso.

3. Comunica Deus a essas almas tão imenso desejo de jamais o descontentar em coisa alguma, por mínima que seja, nem fazer, se possível fosse, uma pequenina imperfeição, que só por este motivo, ainda que não houvesse outros, quisera fugir de todos por sentir grande inveja dos que vivem ou em outros tempos viveram nos desertos. Por outro lado, desejaria meter-se pelo mundo adentro, a ver se poderia contribuir para que ao menos uma alma louvasse mais a Deus. Se é mulher, sofre de o não poder fazer em virtude de se ver detida pelo seu sexo, e tem grande inveja dos que são livres para em altos brados proclamar quem é este grande Rei dos exércitos.

4. Ó pobre e pequenina mariposa atada por tantas cadeias, por que te não deixam voar como quiseras? Compadecei-vos dela, Deus meu; ordenai já os acontecimentos de modo que possa cumprir em parte seus desejos, para vossa honra e glória. Não vos recordeis de quão pouco merece, nem de sua escassa possibilidade. Poderoso sois Vós, Senhor, para fazerdes recuar o grande oceano e o grande Jordão a fim de que passem os filhos de Israel a pé enxuto[76]. Não a poupeis, pois, robustecida

---

76. Ex 14,21-22; Js 3,13.

com a vossa fortaleza, é capaz de afrontar muitos trabalhos, e para isto está determinada e cheia de desejos de padecer. Alargai, Senhor, vosso poderoso braço: não consintais que se lhe passe a vida em coisas tão baixas. Ostentai vossa grandeza em criatura tão feminil e mesquinha, para que, entendendo o mundo que nada vem dela, todos vos louvem a Vós. Custe-lhe isto o que custar, pois quer padecer, e seu único desejo é que ainda uma só alma vos louve um pouquinho mais por sua causa. Para isto conseguir, sacrificaria mil vidas, se tantas tivesse, dando-as por muito bem empregadas; entende com toda a verdade que não merece padecer por Vós nem um mínimo trabalho, quanto mais morrer!

5. Não sei a que propósito veio isto, irmãs, nem para que, pois não tinha intenção de dizê-lo. Entendamos que são estes os efeitos deixados, sem dúvida alguma, por estas suspensões ou êxtases. Não são desejos que passem; são estáveis e firmes, e quando se oferece ocasião de os pôr em obra, se vê que não eram fingidos. Mas para que digo estáveis? Acontece por vezes sentir-se covarde a alma, e nas coisas mais baixas, bem como atemorizada e com tão pouco ânimo que não lhe parece possível realizar bem algum. Tenho para mim que nessas ocasiões o Senhor a deixa entregue ao seu natural para muito maior proveito, porque ela então reconhece que, se teve ânimo para alguma empresa, foi tudo mero dom de Sua Majestade; e isto com uma evidência que a deixa aniquilada e com mais elevado conhecimento da grandeza e misericórdia de Deus que, em criatura tão baixa, se quis mostrar. O mais ordinário, porém, é o estado de que tratamos dantes.

6. Uma coisa notai, irmãs, nesses grandes desejos de ver a Nosso Senhor. Algumas vezes apertam a tal ponto que é mister vos distrairdes sem os deixar cobrarem força; se o conseguirdes fazer, porquanto outras ânsias há, das quais adiante discorrerei, que de modo nenhum se podem moderar. Nestes princípios, alguma vez se consegue, porquanto a razão está inteira e capaz de conformar-se com a vontade de Deus e dizer o mesmo

que dizia São Martinho[77]; ainda se pode desviar o pensamento quando muito apertam esses desejos. Convém assim fazer porque, visto parecerem próprios de pessoas muito adiantadas, poderia o demônio fazer-nos imaginar que o estamos; e sempre é bom andar com temor. Contudo, tenho para mim que não poderá ele infundir a quietação e paz que produz na alma esta saudade; apenas logrará excitar alguma paixão, como se tem quando as coisas do século ocasionam alguma tristeza. Quiçá não o entenderá quem não tiver experiência de uma e de outra dessas penas, e, julgando ser grande mercê de Deus, procurará aumentá-la quanto estiver em suas mãos, o que lhe causaria grande prejuízo à saúde, porquanto é contínua essa mágoa, ou, pelo menos, muito ordinária.

7. Notai também que a fraqueza natural costuma causar sentimentos desses, mormente em pessoas ternas que choram por qualquer coisinha: mil vezes imaginarão que choram por Deus, e não é assim. Pode também acontecer que, em certos tempos, a cada palavrinha que se ouve ou pensa de Deus, venha uma multidão de lágrimas, às quais não se pode resistir. E será, porventura, algum humor que atacou o coração e atua mais que o próprio amor que se tem a Sua Majestade, para tanto fazê-la chorar que é um não acabar. Como têm ouvido essas pessoas que as lágrimas são proveitosas, não tratam de conter-se, nem quereriam fazer outra coisa; antes, entregam-se de todo ao choro. Pretende o demônio, por este meio, que se enfraqueçam a ponto de não poderem depois ter oração nem guardar a Regra.

8. Parece-me que vos ouço perguntar: – Que havemos de fazer, se em tudo há perigo, e até num dom tão precioso, como derramar lágrimas, é possível haver engano? Não estarei eu enganada? – Bem pode ser, mas crede-me: não o digo sem ter visto que pode haver tais erros em algumas pessoas. Não em mim,

---

77. "Senhor, se sou ainda necessário ao vosso povo, não recuso o trabalho. Faça-se a vossa vontade" (Ofício de São Martinho).

porque não sou nada terna; antes, tenho o coração tão duro que algumas vezes até me aflijo. Contudo, quando é grande o fogo que arde no interior, por duro que seja o coração, põe-se a destilar como um alambique, e bem entendereis quando vêm de Deus as lágrimas, visto muito mais confortarem e pacificarem; não causam desassossego e poucas vezes fazem mal. Uma coisa boa tem este engano, quando o é: prejudica o corpo, porém, não a alma, se esta é humilde. Em qualquer dos dois casos, sempre há segurança em estar de sobreaviso.

9. Não pensemos que tudo consista em demasiado chorar, mas sim em pôr mãos à obra e muito fazer a fim de praticar as virtudes que tanto nos importam. Quanto às lágrimas, venham quando Deus as der sem fazermos nós esforço para provocá-las. Estas regarão a terra seca de nossas almas e concorrerão sobremodo para que dê fruto, tanto mais quanto menos caso fizermos delas, porque esta água vem do céu. Muito diferente é a que extraímos a custo de nossos esforços quando nos cansamos em cavar para colhê-la; e diversas vezes acontecerá ficarmos cansadas à força de cavar e não acharmos nem uma poça, quanto mais profundo manancial. Por esta razão, irmãs, tenho por melhor que nos ponhamos diante do Senhor e olhemos sua misericórdia e grandeza ante à nossa pequenez de modo que deixemos que Ele nos dê o que lhe aprouver: quer seja água, quer secura. Ele sabe melhor o que nos convém. Com isto, andaremos descansadas, e o demônio não terá tanta ocasião para nos enredar em seus enganos.

10. Entre estas coisas que encerram pena e sabor lado a lado, dá Nosso Senhor à alma algumas vezes uns júbilos e uma oração tão estranhos, que ela não sabe entender o que é, para que, se vierdes a receber esta mercê, saibais em que consiste e deis muitos louvores a Deus; aqui vo-la explico. É, em meu parecer, uma grande união das potências, mas Nosso Senhor as deixa com liberdade, assim como também os sentidos, para gozarem deste deleite sem entender que gozo é esse nem como o experimentam. Parece incompreensível o que

digo, mas é certo que assim acontece. É um gozo tão excessivo da alma, que não quereria saboreá-lo a sós, senão dizê-lo a todos para que a ajudem a louvar a Nosso Senhor, pois são estas todas as suas ânsias. Oh! quantas festas faria e quantas demonstrações, se pudesse, para dar a entender a todos o que goza! Parece que se achou e, como o pai do filho pródigo, quisera convidar a todos e fazer grandes festejos por ver sua alma em estado onde, ao menos por então, não pode duvidar que haja segurança. E tenho para mim que é com razão, porquanto tanto gozo interior vindo do mais íntimo da alma, com tanta paz, e um contentamento que só a move e provoca louvores de Deus, não é possível proceder do demônio.

11. Já é muito que, ao estar com tão grande ímpeto de alegria, possa calar, e não lhe custa pouco a dissimulação. Isto devia sentir São Francisco quando andava pelo campo a dar brados, e, encontrando-o os ladrões, disse-lhes que era arauto do grande Rei; e outros santos que se retiram aos desertos a fim de poderem, como São Francisco, apregoar esses louvores de seu Deus. Conheci um, chamado Frei Pedro de Alcântara – a quem tenho nesta conta pela sua santa vida –, o qual fazia o mesmo e era tido por louco pelos que alguma vez o ouviam. Oh! Que boa loucura, irmãs! Se fora Deus servido de no-la dar a todas nós! E que graça vos fez em trazer-vos para esta casa! Aqui, se o Senhor vos fizer tal mercê e derdes demonstração dela, antes achareis quem vos ajude! Ninguém murmurará, como aconteceria se estivésseis no mundo, onde, por ser tão pouco usado este pregão, não requer muito para que se levantem murmurações.

12. Oh! Desaventurados tempos e miserável mundo em que agora andamos, e ditosas as almas às quais coube a boa sorte de viverem fora dele! Algumas vezes sinto particular gozo, quando, estando juntas, vejo estas irmãs com tão grande alegria íntima. Cada qual dá mais louvores a Nosso Senhor por se ver no mosteiro. Transparece com demasiada clareza que brotam aqueles louvores do mais íntimo da alma. Quisera eu,

irmãs, que amiúde assim fizésseis, pois, quando uma começa, estimula todas as outras. Que melhor modo de empregar vossa língua, quando estais reunidas, do que em louvores de Deus, visto termos nós tantos motivos para louvá-lo?

13. Praza a Sua Majestade dar-nos muitas vezes esta oração, tão segura e cheia de frutos, pois adquiri-la não poderemos, em virtude de ser coisa muito sobrenatural. Acontece durar à alma um dia inteiro; e anda ela como quem bebeu demasiado, porém não a ponto de ficar fora de si; ou como uma pessoa atacada de melancolia que não perdeu de todo o juízo, mas não se distrai de uma coisa que se lhe meteu na imaginação, nem há quem a tire da cabeça.

Bem grosseiras comparações são estas para tão preciosa graça, mas não se apresentam outras a meu engenho, e assim acontece: este gozo a põe tão esquecida de si e de tudo a ponto de não pensar nem acertar em falar senão no que dele procede, e prorrompe tão somente em louvores de Deus.

Ajudemos todas a esta alma, filhas minhas. Para que havemos de ter mais juízo que ela? Onde podemos achar maior contentamento? E ajudem-nos todas as criaturas, por todos os séculos dos séculos! Amém, amém, amém.

CAPÍTULO 7

Trata da intensidade do pesar que, de seus pecados, sentem as almas às quais Deus concede as mercês sobreditas. Diz quão grande erro é não se exercitarem, por muito espirituais que sejam, em trazer presente a humanidade de Nosso Senhor e Salvador Jesus Cristo e sua sacratíssima vida e paixão, assim como a sua gloriosa mãe e os santos. É de muito proveito.

1. Parecer-vos-á, irmãs – mormente àquelas que não houverem chegado a estas altas mercês, pois, se receberam de Deus tão grande gozo, verão como é certo o que afirmo –, que essas almas favorecidas pelo Senhor com tão particulares comunicações estarão já seguras de gozá-lo para sempre e não terão mais de temer nem chorar seus pecados. Imenso engano! A dor dos pecados cresce à medida que mais recebemos de nosso Deus; e tenho para mim que nunca nos deixará até que estejamos onde nenhuma coisa pode dar mágoa.

2. Verdade é que certas vezes aperta mais que em outras, e, também, aflige por diferente modo, visto que a alma nem se lembra da pena que há de sofrer para expiá-los, senão de quanto foi ingrata para com aquele a quem tanto deve e que tanto merece ser servido. Com efeito, por estas grandezas que lhe são comunicadas, entende muito mais a grandeza de Deus. Espanta-se de ter sido tão atrevida; chora sua pouca reverência; parece-lhe tão louco o seu desatino que jamais cessa de afligir-se à lembrança das coisas muito baixas pelas quais deixava tão grande Majestade; muito mais se lembra disto que das mercês recebidas, conquanto tão elevadas como as sobreditas e outras

que restam por dizer. Parece que estes favores são arrebatados por um rio caudaloso que de quando em vez torna a trazer; mas a lembrança dos pecados é como um lamaçal, e sempre os tem vivos na memória, o que é bem pesada cruz.

3. Sei de uma pessoa que desejava morrer não só para ver a Deus, mas para não sentir de ordinário a dor de ter sido tão desagradecida àquele a quem tanto devera sempre e ainda havia de dever. Parecia-lhe que ninguém tinha cometido iniquidades que igualassem as dela, e de ninguém Deus tinha sofrido tanto, depois de haver feito tantas mercês. No que diz respeito ao medo do inferno, desaparece por completo. Às vezes sentem-se muito aflitas essas almas com o temor de vir a perder a Deus; mas isto lhes acontece com raridade. Todo o seu receio é de que Deus as deixe de sua mão e venham a ofendê-lo voltando ao estado tão miserável em que se viram noutros tempos. Com a pena ou a glória própria, não se preocupam; se não querem estar muito no Purgatório, é mais por aí não ficarem ausentes de Deus, do que pelos sofrimentos que terão de passar.

4. Por favorecida de Deus que esteja uma alma, não a julgaria eu segura se em algum tempo se olvidasse do miserável estado em que se viu outrora, porquanto esta lembrança, conquanto penosa, traz muitos proveitos. Talvez me pareça isto por ter sido tão ruim, e será esta a causa de trazê-lo sempre na memória. As que foram boas não terão tanto que lamentar como eu; contudo, sempre há faltas enquanto vivemos neste corpo mortal. Para esta dor não é alívio o pensar que Nosso Senhor já perdoou e esqueceu nossos pecados; antes, aumenta a pena à vista de tanta bondade e de mercês tão grandes feitas a quem só merecia o inferno. Penso que foi este um grande martírio para São Pedro e para Madalena, porque, ao terem tão intenso amor e haver recebido tantas mercês, muito penosa de sofrer lhes seria tal lembrança, e motivo de mui terno sentimento, pois entendem eles tanto a grandeza e majestade de Deus.

5. Imaginareis também que alma favorecida com tão elevados gozos não poderá meditar acerca dos mistérios da

sacratíssima humanidade de Nosso Senhor Jesus Cristo, porquanto já se exercitará somente em amor. É este um ponto acerca do qual já escrevi extensamente alhures[78], e, embora o tenham contestado dizendo que o não entendo, que são caminhos por onde leva Nosso Senhor as almas, e, passados os princípios, é melhor fugir das coisas corpóreas e tratar só da divindade – a mim não me farão confessar que seja bom este aviso. Bem pode ser engano meu, e também talvez estejamos todos a dizer a mesma coisa; mas vi que o demônio me quis enganar por este meio, de modo que estou tão escarmentada que tenciono, embora o tenha dito várias vezes[79], dizer-vos o mesmo aqui a fim de vos portardes com muita advertência. Vede bem: ouso dizer-vos que não deis crédito a quem vos ensinar outra coisa. E procurarei dar-me a entender melhor do que fiz em outra parte porque alguém que escreveu acerta deste assunto, conforme nos disse, talvez daria alguma boa razão se o explicasse longamente; mas assim falar por alto, a nós que não temos ciência, pode fazer muito mal.

6. Parecerá também a algumas almas que não podem pensar na paixão. Se assim fosse, ainda menos poderiam lembrar-se da sacratíssima virgem e dos exemplos dos santos cuja memória nos infunde tão grande proveito e alento. Não sei em que se ocupam tais pessoas. Apartar-se de tudo o que é corpóreo é bom para os espíritos angélicos sempre abrasados em amor; não, porém, para os que vivemos neste corpo mortal. Temos necessidade de pensar nos que neste mundo obraram tão ilustres feitos por Deus; com eles há de ser nosso trato e companhia. Que erro seria, pois, se nos apartássemos propositadamente do que é do nosso bem e remédio – da sacratíssima humanidade de Nosso Senhor Jesus Cristo? Não posso crer que essas pessoas de fato o façam, pois penso que não entendem a si mesmas; contudo, causarão muito mal a si e aos outros. Ao menos, asseguro-lhes de que jamais entrarão nestas duas últi-

---

78. *Livro da vida*, cap. 22.
79. *Livro da vida*, cap. 22, 23 e 24.

mas moradas; porquanto, se perdem o guia, que é o bom Jesus, como acertarão com o rumo? Muito será se ficarem seguros os demais aposentos. Sem dúvida, pois o mesmo Senhor diz que é Caminho[80], Luz[81], e que ninguém pode ir ao Pai senão por Ele[82]; e ainda: "Quem vê a mim, vê a meu Pai".[83] Dirão que se dá outro sentido a estas palavras. De outros não sei eu; deste, onde sempre minha alma achou a verdade, me vem grande bem.

7. Há certas pessoas – e são muitas as que têm tratado comigo quanto a este ponto –, as quais, ao receber de Nosso Senhor contemplação perfeita, quereriam estar sempre ali, mas não pode ser; e, depois desta mercê do Senhor, ficam de tal maneira que não conseguem discorrer como antes acerca dos mistérios da vida e da paixão de Cristo. E – não sei a causa, mas é muito comum – fica o entendimento mais inabilitado para a meditação. Deve ser, creio eu, porque todo o intento da meditação é buscar a Deus, e uma vez que a alma o acha e se acostuma a buscá-lo por obra da vontade, já não se quer cansar com o trabalho do entendimento. E também me parece que, por estar incendida a vontade, quer esta generosa potência dispensar o concurso dele, se possível fosse. Nisto não procede mal; entretanto, sobretudo até que chegue às últimas moradas, não o conseguirá e perderá tempo porque muitas vezes precisará da ajuda do entendimento para inflamar-se.

8. E notai, irmãs, este ponto, que é importante, e assim o quero declarar mais. A alma deseja empregar-se toda em amor e não quer fazer outra coisa, mas não poderá, por mais que o queira; porquanto, embora a vontade não esteja morta, está amortecido o fogo que costuma fazê-la arder, e é mister quem o sopre a fim de atear novo calor. Seria bom ficar nessa aridez, à espera do fogo do céu que venha consumir o sacrifício que, de si mesma, faz a Deus, como aconteceu a Elias, nosso Pai? Não, por certo; nem é bom esperar milagre. O Senhor os faz

---

80. Jo 14,6: *Ego sum Via*.
81. Jo 8,12: *Ego sum Lux mundi*.
82. Jo 14,6: *Nemo venit ad Patrem nisi per me*.
83. Jo 14,9: *Qui videt me, videt et Patrem*.

quando é servido, como fica declarado e ainda se declarará adiante; mas quer Sua Majestade que nos tenhamos por indignos e sem merecimentos para alcançá-los e, de nossa parte, para que nos esforcemos em tudo quanto depender de nós. E tenho para mim que até à morte é mister fazer assim, por sublime que seja a nossa oração.

9. Verdade é que a alma, introduzida pelo Senhor na sétima morada, poucas vezes ou quase nunca tem de recorrer a essas diligências, e isto pela razão que nela discorrerei, caso me lembre: mas não deixa de muito andar de contínuo com Cristo Nosso Senhor, de um modo admirável pelo qual, tanto em sua Divindade como em sua Humanidade, Ele está sempre a fazer-lhe companhia. Assim, pois, quando não está aceso na vontade o fogo de que mencionei, e a presença de Deus não se faz sentir, mister é que a procuremos, pois assim quer Sua Majestade. É o que fazia a Esposa do Cântico[84]. Perguntemos às criaturas quem as fez, como diz Santo Agostinho em suas *Meditações* ou *Confissões*[85], creio eu; e não fiquemos como bobos a perder tempo e a esperar que venha novamente o que alguma vez temos recebido. Com efeito, aos princípios poderá ser que não repita o Senhor a mesma graça durante um ano, e até muitos. Sua Majestade sabe por que assim o faz; quanto a nós, não o queiramos saber, nem há necessidade disto, pois sabemos o caminho para contentar a Deus, que é o dos mandamentos e conselhos; procuremos andar por ele muito diligentes, pensando a vida e morte de Cristo, e no muito que fez por nós. Tudo o mais venha quando o Senhor quiser.

10. Logo responderão que não podem deter-se em tais assuntos; e, segundo ficou dito, talvez tenham razão até certo ponto. Já sabeis que discorrer com o entendimento é uma coisa, e representar a memória verdades ao entendimento, é outra. Direis, porventura, que não me entendeis, e, em verdade, poderá ser que não entenda eu o modo de me exprimir; mas vou

---

84. Ct 3,3: Vistes o amor da minha vida?
85. Solilóquio 31.

explicar como está a meu alcance. Chamo eu meditação ao discorrer muito com o entendimento. Por exemplo: começamos a pensar na mercê que nos fez Deus em nos dar seu único Filho e, sem nos determos, vamos adiante, percorrendo os mistérios de sua gloriosa vida. Ora, ao meditar na oração do Horto, não para o entendimento até ver o Senhor posto na cruz[86]; ora, escolhendo um passo da paixão – como seja quando prenderam o Senhor –, pensamos neste mistério e consideramos em miúdo as coisas que se nos oferecem nele a ponderar e a sentir, quais: a traição de Judas, a fuga dos apóstolos e o demais. Admirável é esta oração, e muito meritória!

11. Referia-me a esta quando disse que se escusam dela, com certa razão, os que chegaram a ser levantados por Deus a favores sobrenaturais e à perfeita contemplação, porque, repito: não sei a causa, mas de ordinário não o conseguem. Porém, não terá razão quem disser que não se detêm nestes mistérios, trazendo-os presentes muitas vezes, em especial quando os celebra a Igreja Católica; nem é possível à alma que tanto recebeu de Deus perder a lembrança de mostras de amor tão preciosas, porquanto são vivas centelhas que mais a abrasarão por Nosso Senhor a quem tanto ama. É que, sem entender, penetra estes mistérios de modo mais perfeito. Sim, porque o entendimento lhos representa, e imprimem-se na memória de tal maneira que, só de ver o Senhor caído no horto a verter aquele assombroso suor de sangue, isto lhe basta para se ocupar não só uma hora, senão muitos dias, a olhar, numa singela vista, quem Ele é e quão ingratos temos sido a tão grande tormento. Logo acode a vontade, mesmo quando não há ternura, e põe-se a desejar retribuir de algum modo tão insigne benefício e padecer por quem tanto padeceu. Nestas e noutras coisas semelhantes ocupam-se a memória e o entendimento. E penso que é este o motivo de não poder passar adiante, a discorrer mais acerca da paixão, e de lhe parecer que não pode nela pensar.

---

86. No autógrafo está apenas o sinal †.

12. Se assim não faz, é bom que o procure fazer, pois sei que não lhe servirá de impedimento à mais alta oração; e não aprovo que não se exercite nisto muitas vezes. Se daí a suspender o Senhor, seja em muito boa hora, pois então, mesmo sem querer, será obrigada a deixar o que está fazendo. E tenho por muito certo que não serve de estorvo esta maneira de proceder, antes é grande ajuda para todo o bem. O que lhe faria mal seria o trabalhar em demasia com o discurso, pelo modo de que acima tratei; e isto, tenho para mim, não o conseguirá quem chegou a mais elevado estado. Bem poderá ser que sim, pois por muitos caminhos leva o Senhor as almas; mas ninguém condene as que não puderem discorrer, nem as julgue inabilitadas para gozar de tão grandes tesouros, como os que estão encerrados nos mistérios de Jesus Cristo nosso Bem. Que seja bom não pensar nele, eis o que ninguém me fará entender, ainda quando fosse dito por pessoas mui espirituais.

13. Algumas almas, quando principiam, e ainda mesmo quando estão a meio caminho, mal chegam a ter oração de quietação e a gozar dos regalos e gostos do Senhor, julgam fazer muito bem em ficar sempre ali no seu gozo. Mas creiam-me e não se embebam tanto, como já disse alhures[87], pois longa é a vida e, por haver nela muitos trabalhos, temos necessidade de pôr os olhos em Cristo nosso Modelo e ver como os passou, e também em seus apóstolos e santos, a fim de sabermos sofrer com perfeição. É muito boa companhia o bom Jesus; e nunca nos havemos de apartar dele e de sua sacratíssima mãe. Gosta em extremo Sua Majestade de que nos compadeçamos de suas penas, ainda quando alguma vez nos seja preciso deixar para isto nosso gosto e contentamento. Quanto mais, filhas, que não é tão ordinário o regalo na oração para não haver tempo para tudo. Se alguma dissesse que não experimenta vicissitudes e nunca pode fazer o que ficou dito, não teria eu por seguro tal estado. Portanto, desconfiai dele e procurai sair desse engano e desembeber-vos com todas as vossas forças; e se isto não bas-

---

87. *Fundações*, cap. 6.

tar, dizei-o à priora para que vos dê um ofício tão cheio de cuidados que vos livre desse perigo bem grande, ao menos para a cabeça e para o juízo, se durasse muito tempo.

14. Creio ter dado a entender como é conveniente que as almas, embora muito espirituais, não fujam tanto de coisas corpóreas que lhes pareça haver prejuízo até na humanidade sacratíssima. Alegam ter dito o Senhor a seus discípulos ser-lhes conveniente que Ele se ausentasse[88]. Não posso sofrer isto. Decerto não disse o mesmo a sua mãe sacratíssima, porque estava firme na fé e sabia que Ele era Deus e Homem; e, embora o amasse muito mais que eles, era com tanta perfeição que a presença do Senhor antes a ajudava. Não deviam então os apóstolos estar tão arraigados na fé como depois estiveram, e como temos nós razão de estar agora. Digo-vos, filhas, que é perigoso esse caminho, e poderia o demônio chegar a ponto de fazer-nos perder a devoção ao santíssimo sacramento.

15. O engano em que andei não chegou a tanto; todavia, já não gostava de pensar em Nosso Senhor Jesus Cristo como antes, e preferia viver naquele embevecimento, na esperança daquele regalo. E vi ao claro que ia mal, pois não podendo gozá-lo sempre, andava o pensamento daqui para ali, e a alma, segundo me parece, como um passarinho que esvoaça e não acha onde pousar. Com isto perdi bastante tempo e não progredi nas virtudes nem medrei na oração. E não entendia a causa, e jamais viera a entendê-la, penso, pois me parecia muito acertado aquele modo de proceder. Enfim, ao tratar de minha oração com uma pessoa serva de Deus, esclareceu-me acerca da verdade. Depois vi com evidência como andei errada e não cessava de ter pesar por ver que houve tempo em que julguei enriquecer-me com tão grande perda. E, ainda no caso de ser possível, não quereria eu bem algum que não fosse adquirido por aquele Senhor de quem nos vieram todos os bens. Seja Ele para sempre louvado. Amém.

---

88. Jo 16,7: No entanto, eu vos digo a verdade: convém a vós que eu vá.

CAPÍTULO 8

Trata de como se comunica Deus à alma por visão intelectual. Dá alguns avisos e relata os efeitos causados por esta visão quando é verdadeira. Aconselha guardar segredo acerca destas mercês.

1. Para que mais ao claro vejais, irmãs, como é verdade o que vos disse e como quanto mais adiante vai a alma, mais acompanhada é por este bom Jesus, será bem saberdes: quando lhe apraz, não podemos deixar de andar sempre com Ele. Isto se vê com clareza pelos modos e maneiras com que Sua Majestade se nos comunica e nos testemunha o amor que nos tem por meio de algumas visões e aparições em extremo admiráveis. Para que não fiqueis assustadas se Ele vos conceder alguma dessas mercês, quero dizer-vos com brevidade acerca elas, se o Senhor for servido de me fazer acertar, a fim de que o louvemos muito, ainda que não as recebamos, ao ver como se digna comunicar-se desse modo a uma criatura, visto ter Ele tamanha majestade e poder.

2. Acontece que, por estar a alma longe de pensar receber tal favor ou de vir algum dia a recebê-lo, sente junto de si Jesus Cristo Nosso Senhor, conquanto não o veja nem com os olhos do corpo nem com os da alma. É o que chamam visão intelectual, não sei por que razão. A uma pessoa a quem fez Deus esta mercê, com outras de que tratarei adiante, vi muito aflita a princípio em virtude de não poder entender aquilo, pois, embora nada enxergasse, tinha tanta certeza de ser Jesus Cristo Nosso Senhor quem se lhe mostrava daquele modo que não podia duvidar da realidade da visão. Não sabia se era de

Deus, e, apesar dos grandes efeitos que em si experimentava, pelos quais podia entender a sua origem divina, andava temerosa. Jamais ouvira dizer que houvesse visão intelectual, nem imaginava tal coisa, mas compreendia muito ao claro ser este Senhor quem lhe falava muitas vezes pelo modo acima mencionado, de modo que até haver recebido esta mercê de que ora trato, embora entendesse as palavras, nunca soubera quem lhas dizia.

3. Sei que, por estar temerosa acerca desta visão – porquanto não é rápida e de passagem como as imaginárias, antes dura muitos dias e até, por vezes, mais de um ano –, foi muita aflita consultar seu confessor. Perguntou-lhe este: "Como, se não vê coisa alguma, sabe que é Nosso Senhor? Diga-me como é o seu rosto". Respondeu ela que o ignorava; não lhe via as feições, tampouco era capaz de dar qualquer outra informação: só sabia que era Ele quem lhe falava, e que não estava iludida. Procuravam incutir-lhe muitos temores, mas, amiúde, não podia duvidar, sobretudo quando ouvia: "Não tenhas medo: sou Eu". Eram tão poderosas estas palavras, que por uns tempos não podia ter dúvida alguma, e ficava muito confortada e alegre em tão boa companhia, pois via nitidamente ser-lhe de grande ajuda para andar de contínuo com a memória em Deus, e sumo cuidado de nada fazer que lhe desagradasse, pois tinha a impressão de que sempre a olhava. E, cada vez que se punha a tratar com Sua Majestade na oração, e mesmo fora dela, achava o Senhor tão junto de si que lhe parecia não poder Ele deixar de ouvi-la. Quanto a entender palavras, não era quando queria, senão a qualquer hora, segundo a necessidade. Sentia que o Senhor lhe andava ao lado direito, mas não o experimentava com os sentidos, como podemos certificar-nos da presença de uma pessoa junto de nós. É por outro modo mais delicado, impossível de exprimir, mas tão claro que chega a ser evidente, e ainda muito mais; porquanto, em relação às criaturas, bem nos poderíamos enganar, porém, aqui, não. Traz consigo grandes lucros e efeitos interiores que não poderiam existir se aquilo

fosse melancolia[89]; nem o demônio causaria tanto bem, a ponto de andar a alma com tanta paz e tão contínuos desejos de contentar a Deus, e tanto desprezo de tudo o que não a chega mais para Ele. Com o tempo, viu-se com demasiada clareza não procederem do demônio aquelas graças, visto que sempre mais e mais se foi dando a entender.

4. Sei, contudo, que algumas vezes andava ela muito temerosa, e outras com imensa confusão, sem saber de onde lhe tinha vindo tanto bem. Ela e eu éramos a tal ponto uma só coisa que nada se passava em sua alma que eu não soubesse, e assim podeis dar crédito a tudo o que vos digo, pois sou boa testemunha[90].

Esta graça do Senhor infunde sobremaneira confusão e humildade. Se fosse embuste diabólico, seria o contrário. E, como é favor que decerto entende vir de Deus, e nenhum artifício humano seria capaz de fazer senti-lo, nunca poderá quem o goza imaginar que esse bem é propriedade sua, senão dádiva da mão do Senhor. E conquanto, em meu parecer, algumas das mercês acima referidas sejam maiores, tem esta a vantagem de trazer consigo particular conhecimento de Deus; amor demasiado terno por Sua Majestade, que nasce desta tão contínua companhia; desejos, ainda mais intensos do que os sobreditos, de total entrega ao divino serviço; e grande pureza de consciência, pois essa presença constante faz prestar atenção às mínimas coisas. De fato, embora saibamos que Deus vê todos os nossos atos, é tal nossa natureza que vivemos descuidados e esquecidos; o que não pode aqui acontecer, porquanto o Senhor está junto da alma e a desperta. E, ao andar ela quase de contínuo num atual exercício de amor para com aquele que vê ou entende estar junto de si, mesmo as outras mercês de que tratei, recebe muito mais de ordinário.

---

89. Nervoso, impressão doentia.
90. Cf. *Livro da vida*, cap. 27.

5. Enfim, pelos lucros que experimenta, vê que é imensa aquela graça e sobremaneira digna de apreço, e, assim, agradece ao Senhor que lha dá tão sem merecimento, e não a trocaria por nenhum tesouro nem deleite deste mundo. Quando o Senhor é servido de lha tirar, fica em extrema soledade, mas todas as diligências possíveis de nada servem para recobrar aquela companhia, pois o Senhor lha dá quando quer; e não há poder adquiri-la. Algumas vezes, é algum santo que a acompanha, o que também causa grande proveito.

6. Perguntareis como entende quando é Cristo, ou sua mãe demasiado gloriosa, ou um santo, se nada vê? Isto não o sabe a alma dizer, nem pode explicar como entende, mas experimenta-o com imensa certeza. Ainda quando o Senhor lhe fala, parece mais fácil conhecê-lo; mas quando é um santo que nada lhe diz e apenas está ali como auxílio e companhia que lhe dá o Senhor, é mais de maravilhar. Assim acontece com outros favores espirituais, impossíveis de exprimir; por onde se entende quão vulgar é nossa natureza para penetrar as infinitas grandezas de Deus, pois nem uma pequena parte somos capazes de compreender. Por isso, quem os receber, admire e louve Sua Majestade e lhe dê particulares graças, pois não é mercê concedida a todos. Estime muito este dom e procure prestar maiores serviços ao Senhor, pois de tantos modos experimenta o auxílio divino. Daqui lhe vem não se ter em melhor conta, antes, julga-se por quem menos serve a Deus de quantos existem na terra, pois lhe parece estar mais obrigado a isto do que ninguém, e qualquer falta que faz lhe traspassa as entranhas, e com demasiada razão.

7. Estes efeitos com que anda a alma, segundo explicou-se, poderá qualquer de vós a quem o Senhor levar pelo mesmo caminho experimentar em si. Por eles verá que não é vítima de engano, tampouco de ilusão. Sim, repito: não julgo possível que durasse tanto esta visão e produzisse tão notável proveito e tão contínua paz interior caso procedesse do demônio. Não costuma ele assim agir, nem poderia tão per-

versa criatura causar tanto bem, ainda que o quisesse. Logo surgiriam fumos de própria estima e pensamentos de preferir-se aos outros. Aliás, esse andar sempre a alma tão unida a Deus, e com a mente nele presa, faria tanta raiva ao inimigo que, à vista de tal resultado, não voltaria à carga muitas vezes. E muito fiel é o Senhor: não daria ao maligno tanta licença para enganar uma alma cuja única pretensão é agradar à Sua Majestade e expor a vida por sua honra e glória; e, portanto, logo faria cessar o engano.

8. Persisto em dizer – e o repetirei sempre: se a alma andar pelo modo em que, segundo ficou descrito, a deixam estas mercês do Senhor, Sua Majestade a fará sair com lucro, e, se permitir que alguma vez a tente o demônio, este ficará vencido e confuso. Portanto, filhas, se alguma for por este caminho, torno a dizer, não ande assombrada. Convém, entretanto, viver com mais temor e advertência e não presumir que por sermos tão favorecidas nos podemos descuidar; pois o contrário seria sinal de não virem de Deus as graças, visto não produzirem os efeitos supracitados. É bom aos princípios comunicar estas graças sob sigilo de confissão, dirigindo-vos a algum letrado muito bom, pois dos homens doutos nos há de vir a luz, ou falando a alguma pessoa mui espiritual, se a encontrardes. Se a não houver, dai preferência ao bom letrado; e, se possível for, falai a quem tiver tanto letras como espírito. Se vos disserem que é fantasia, não vos importeis, pois tal fantasia nem mal nem bem pode fazer à vossa alma; encomendai-vos apenas à Divina Majestade e peçam-lhe que não consinta em tais enganos. Se o atribuírem ao demônio, será ocasião de maiores trabalhos; mas isto não vos dirá quem for bom letrado se observar em vós os efeitos de que discorri. Contudo, se vo-lo disser, tenho certeza, o mesmo Senhor que anda convosco vos consolará e infundirá segurança, e irá dar luz a ele para que vo-la comunique.

9. Se for pessoa que, embora tenha oração, não é levada pelo Senhor por esse caminho, logo se espantará e tudo con-

denará. Por esta razão vos aconselho que escolhais quem seja muito douto e também espiritual, se conseguirdes. A priora dê licença para tais consultas, porquanto, embora fique segura ao ver a vida virtuosa da irmã, está obrigada a favorecer tais consultas a fim de andarem ambas com segurança. Depois de ter tratado com pessoas competentes, fique ela em paz e não se ponha a dar parte dessas coisas; pois algumas vezes, sem haver motivo de temer, infunde o demônio umas inquietações tão exageradas que forçam a alma a não se contentar com uma só aprovação. Mormente se conhece que o confessor tem pouca experiência e é medroso, e ele mesmo lhe manda tomar outros pareceres, vem a publicar-se aquilo que devia manter-se, com razão, muito secreto, e o resultado é ver-se perseguida e atormentada. Quando pensa que tudo está em segredo, verifica que é público, e daí lhe provêm muitos trabalhos que até poderiam estender-se à Ordem, tão maus andam os tempos. É imprescindível, portanto, grande circunspecção neste ponto, e, às prioras, recomendo-o em demasia. E não pensem que por receber uma irmã semelhantes graças é melhor que as outras: a cada uma leva o Senhor como vê que lhe convém. Ajudam para que se torne grande serva de Deus caso corresponda; mas às vezes leva o Senhor por este caminho as que são mais fracas. Assim, pois, não há motivo de aprovar nem condenar: olhem as virtudes, e quem servir com mais mortificação, humildade e limpeza de consciência a Nosso Senhor, a essa tenham por mais santa. Contudo, muito grande certeza não pode haver nesta vida até que o verdadeiro Juiz dê a cada um o galardão que merece. Lá, espantar-nos-emos ao ver quão diferente é seu juízo do que podemos nós entender na Terra. Seja Ele para sempre louvado. Amém.

CAPÍTULO 9

Trata de como se comunica o Senhor à alma por visão imaginária. Recomenda muito que se guardem de desejar tal caminho. Dá razões para isto. É de muito proveito.

1. Venhamos agora às visões imaginárias. Dizem que é onde pode achar entrada o demônio, mais que nas precedentes, e assim deve ser; contudo, quando são de Nosso Senhor, de algum modo me parecem mais proveitosas porque estão mais de acordo com o nosso natural. Excetuo as que o Senhor concede na última morada, pois a estas nenhuma pode ser comparada.

2. Consideremos agora o modo pelo qual vos relatei no capítulo passado: está este Senhor à semelhança de uma pedra preciosa de excelso valor e virtude[91] encerrada num escrínio de ouro. Temos absoluta certeza de que ela está ali, embora nunca a tenhamos visto, e seus benéficos efeitos não nos deixam de aproveitar se a trazemos conosco. Mesmo sem vê-la, não podemos deixar de estimá-la, pois constatamos, por experiência própria, que nos sarou de várias enfermidades para as quais é apropriada; mas não ousamos olhá-la nem abrir o relicário, tampouco podemos fazê-lo, porquanto o segredo de abri-lo pertence tão somente ao dono da joia. Ainda que no-la emprestou para nos aproveitarmos dela, reservou para si as chaves, e, como é propriedade sua, abrirá o escrínio quando no-la quiser mostrar, e, quando lhe aprouver, chegará mesmo a retomá-la, como faz às vezes.

---

91. No tempo de Santa Teresa, atribuíam-se certas propriedades e virtudes às pedras preciosas. Faz isto pensar no rádio.

3. Imaginemos agora que, de repente, lhe apraz abrir de passagem o escrínio para dar prazer à pessoa a quem o emprestou. Claro está que muito maior contentamento terá ela depois, quando se recordar do admirável resplendor da pedra que, assim, ficar-lhe-á mais esculpida na memória. É o que acontece nesta visão. Quando Nosso Senhor é servido de regalar mais a esta alma, mostra-lhe ao claro sua sacratíssima humanidade sob a aparência que melhor julga: ou como no tempo em que andava no mundo, ou depois de ressuscitado. E, conquanto seja com tanta presteza que o poderíamos comparar a um relâmpago, fica-lhes tão esculpida na imaginação esta imagem deveras gloriosa que tenho por impossível apagar-se até o dia em que a veja onde a possa gozar sem fim.

4. Digo imagem, mas entenda-se: não parece pintada a quem a vê; é, em verdade, viva, e algumas vezes fala e mostra à alma grandes segredos. Haveis de entender, contudo, que, ainda quando acontece durar algum tempo, sempre esta visão passa muito depressa, e é tão impossível determo-nos a olhá-la como o é fitar o sol. E não porque, ao manifestar-se, magoe a vista interior, pois seu brilho é como de luz infusa, ou como um sol coberto por uma tela tão diáfana como de diamante, se tal pudesse haver. Quanto ao que se representa à vista exterior, nada sei dizer, pois a pessoa minha conhecida, de quem em particular posso dizer, nunca teve dessas visões, de modo que não se pode dar razões certas daquilo que não se experimentou. As vestes parecem de holanda mui fina, e quase todas as vezes que Deus faz esta mercê, queda-se a alma em arroubamento a ponto de não poder sua baixeza suportar tão assustadora vista.

5. Chamo-a assustadora porquanto, apesar de ser imagem de tanta formosura e causar tão grande deleite que nenhuma pessoa poderia imaginá-la, ainda quando vivesse a trabalhar mil anos para formá-la com o pensamento, é uma presença de excelsa majestade que infunde grande temor e sobeja tudo quanto pode caber em nossa inteligência e imaginação. Por cer-

to, não será preciso aqui perguntar a esta alma: como sabe ela quem lhe apareceu, se ninguém lho disse? Muito bem dá a conhecer que é Senhor do céu e da terra. Tal não acontece com os reis temporais que, por si mesmos, serão tidos em pouco apreço se não estiverem acompanhados de sua comitiva ou não houver quem os anuncie.

6. Oh! Senhor, como vos desconhecemos, nós cristãos! Que será vos ver naquele dia quando nos vierdes a julgar, se, ao vir agora com tanta amizade a tratar com vossa esposa, só a vossa vista infunde tanto temor? Ó filhas, que será quando disser com tão rigorosa voz: "Ide, malditos de meu Pai!"[92].

7. Desta mercê que faz Deus à alma, fique-nos esta verdade na memória, e não será para nós pequeno bem; pois São Jerônimo, apesar de tão santo, não a apartava da sua. Deste modo, tudo quanto padecermos em consequência do rigor da religião que observamos nos parecerá nada, pois, ainda quando muito durar, será um momento comparado àquela eternidade. Asseguro-vos em verdade que eu, embora tão ruim, considero como nada o medo que tenho tido dos tormentos do inferno em comparação do que sentia à lembrança de que os réprobos hão de ver irados esses olhos tão formosos e mansos e benignos do Senhor. Isto meu coração parecia não poder suportar, e assim me tem acontecido toda a vida. Quanto mais o temerá a pessoa a quem Ele se representou por esta visão, pois é tamanho o sentimento que a deixa fora de si! Esta deve ser a causa da suspensão que experimenta, pois assim ajuda o Senhor a fraqueza humana para que se junte com sua grandeza nesta tão elevada comunicação com Deus.

8. Quando puder a alma olhar com demasiada minúcia a este Senhor, não creio que seja visão sobrenatural, mas alguma veemente consideração com que engendra e imagina alguma figura; e será como coisa morta em comparação da verdadeira.

---

92. Mt 25,41: Afastai-vos de mim, malditos, para o fogo eterno, preparado para o diabo e seus anjos.

9. Acontece a algumas pessoas – e sei que é verdade porque o têm tratado comigo não três ou quatro, senão muitas – terem tão fraca a imaginação e arguto o entendimento, ou não sei a que o atribuir, que se embebem a ponto de julgarem ver ao claro tudo quanto imaginam ou pensam. Se houvessem tido alguma visão verdadeira, entenderiam sem dúvida o engano e veriam como elas mesmas aos poucos compõem o que lhes vem à cabeça. O resultado é que nenhum efeito experimentam; antes, ficam frias e com menos lucro do que se vissem uma imagem devota. Logo se entende que não há para que fazer caso, e tudo se desvanece da memória mais depressa do que um sonho.

10. Na visão de que tratamos não é assim. Por estar a alma muito longe de lhe passar pelo pensamento que há de ver alguma coisa, se lhe representa de súbito aquele conjunto, revolvendo-lhe todas as potências e sentidos com grande temor e alvoroto, deixando-os logo na mais ditosa paz. Assim como ao ser derribado São Paulo veio aquela tempestade e abalo do céu[93], neste mundo interior produz-se grande movimento, e num instante, como disse, aquieta-se tudo, e a alma se encontra tão ensinada e com tão grandes verdades, que não necessita de outro mestre, pois, sem nenhum trabalho seu, a verdadeira sabedoria livrou-a da ignorância. Fica-lhe durante algum tempo a certeza de que foi mercê de Deus, e então, por mais que lhe dissessem o contrário, não poderiam infundir-lhe temores de ter sido enganada. Mais tarde, assustando-a o confessor, permite Deus que ande vacilante pelo receio de ser isto possível em pena de seus pecados, conquanto não possa convencer-se de todo. Acontece-lhe como nas tentações contra a fé, nas quais, segundo escrevi alhures[94], pode o demônio produzir desassossego, porém não impedir que estejamos firmes nela. Aqui também: quanto mais combate com dúvidas esta

---

93. Cf. At 9,3-4.
94. *Livro da vida*, cap. 25.

alma, mais sente ela a certeza de que o espírito infernal não a poderia cumular de tantos bens. E, de fato, assim é, pois não tem ele tanto império no interior da alma: consegue representar alguma visão, mas destituída da verdade, da majestade e dos poderosos efeitos das que são reais.

11. Como a alma que recebe de Deus a mercê talvez não saiba exprimir-se e o confessor não pode vê-las, fica ele receoso, e com muita razão, pois, assim, deve ir com cautela e aguardar até que o tempo mostre qual o fruto dessas aparições. Pouco a pouco, considere se deixam humildade e fortaleza na virtude, visto que, se for o demônio, logo dará sinal e se deixará apanhar em mil mentiras. Se o confessor tiver experiência por haver recebido tais favores, não precisa de muito tempo para entendê-los: só pelo modo de falar verá se procedem de Deus, ou da imaginação, ou do demônio, sobretudo se o gratificou Sua Majestade com o dom de discernimento de espíritos. E se junto a este dom tiver o dom das letras, muito bem conhecerá a verdade ainda que porventura lhe falte a experiência.

12. O essencial, irmãs, é que useis de grande sinceridade e retidão com o confessor; não apenas quando confessais pecados, pois isto claro está, mas também quando dais conta de vossa oração. Se assim não fizerdes, não vos asseguro que andeis bem nem que seja Deus quem vos ensina; pois muito amigo é Nosso Senhor de nos ver tratar seu ministro e representante como se fosse Ele mesmo, com verdade e clareza e desejo de dar-lhe a entender todos os nossos pensamentos, quanto mais as obras, por pequenas que sejam! Feito isto, não andeis perturbadas nem inquietas; pois, se tiverdes humildade e pureza de consciência, não poderão prejudicar-vos essas visões. Sua Majestade saberá tirar o bem do mal, e assim, pelo mesmo caminho pelo qual o demônio vos queria fazer perder, ficareis mais ricas, visto que, julgando receber de Deus tão grandes mercês, vos esforçareis para melhor contentá-lo e trazer sempre ocupada a memória com a sua lembrança. Dizia um grande letrado: Hábil pintor é o demônio; se me represen-

tasse uma imagem muito vívida do Senhor, eu, longe de ficar contrariado, buscaria avivar por este meio a devoção e fazer guerra ao inimigo com suas próprias maldades. Com efeito, por ser muito mau um artista, não havemos nós de faltar com a reverência a alguma imagem que tenha pintado caso ela represente aquele que é todo o nosso Bem.

13. Julgava ele muito errado o conselho de alguns que mandam dar figas[95] em presença de alguma visão, pois, dizia, sempre havemos de reverenciar o nosso Rei onde quer que vejamos sua imagem. E vejo que tinha razão porque ainda entre nós é assim, e não gostaríamos de saber que fizeram semelhantes vitupérios ao retrato de uma pessoa a quem queremos bem. Quanto mais razão é termos sempre respeito onde quer que vejamos um crucifixo ou qualquer outra imagem de nosso Imperador! Já escrevi acerca disso alhures[96], mas folguei de repeti-lo aqui, pois tive ocasião de ver muito aflita uma pessoa por lhe mandarem usar desses esconjuros. Não sei de onde veio tal invenção, bem própria para atormentar a quem não pode deixar de obedecer ao confessor que lho aconselha, pois se julga perdida se o não cumprir à risca. Minha opinião é esta: em semelhante caso, ainda que vo-lo mandem, apresentai com humildade as sobreditas razões e não obedeçais. São muito boas, e com elas me convenceu a pleno o teólogo de que falei.

14. Desta mercê do Senhor tira a alma grande lucro: quando pensa nele, ou na sua vida e paixão, lembra-se daquele seu rosto deveras manso e formoso, o que lhe serve de imenso consolo. Assim, teríamos nós maior gosto por ter visto uma pessoa de quem recebemos muitos benefícios do que se jamais a tivéssemos conhecido. Asseguro-vos de que produz grande consolação e proveito essa tão deliciosa lembrança.

15. Ainda outros bens traz consigo, mas, como já vos encareci tanto os efeitos destas graças e ainda tornarei ao mesmo

---

95. Gesto de esconjurar.
96. Cf. *Livro da vida*, cap. 29.

assunto, não quero cansar a vós e a mim. Só um aviso quero dar-vos: quando souberdes ou ouvirdes dizer que Deus concede tais favores a uma alma, não peçais ao Senhor que vos leve pelo mesmo caminho, nem ainda o desejeis, pois, embora excelente e digno de toda a nossa estima e reverência, não vos convém, por algumas razões. A primeira: é falta de humildade quererdes receber o que nunca merecestes, e não o terá em alto grau, em meu ver, quem o deseja; pois assim como um pobre lavrador está longe de pretensão de ser rei e o julga impossível, porquanto não o merece, da mesma forma o humilde não espera tais favores. Quem os quiser, nunca os receberá, creio eu, uma vez que, antes de fazer estas mercês, dá o Senhor um grande conhecimento próprio. E quem tais ambições alimenta, como entenderá em verdade que já é muito não estar no inferno? A segunda: seria muito certo haver engano, ou, pelo menos, grande risco, porque basta ao demônio ver qualquer portinha aberta para acometer com mil embustes. A terceira: por muito apetecer tais graças, a própria pessoa em sua imaginação se põe a ver e ouvir o que gostaria de perceber –, assim como os que, durante o dia, estão com vontade de uma coisa e pensam muito nela, de modo que, à noite, sonham-na. A quarta: é sobejo atrevimento querer eu escolher para mim caminho sem saber qual me convém mais. Melhor é deixar ao Senhor, pois me conhece, o levar-me pelo que for mais conveniente a fim de se cumprir em tudo a sua vontade. A quinta: julgais pequenos os lavores que padecem as almas favorecidas por Deus com tais mercês? Não, são demasiados e de muitos gêneros; e sabeis lá se sereis capazes de sofrê-los? A sexta: por onde pensais ganhar, poderíeis perder, como aconteceu a Saul por ter sido Rei.

16. Enfim, irmãs, além destas há outras razões, e, crede-me, o mais seguro é não querer senão o que Deus quer, pois nos conhece melhor que nós mesmas e nos tem amor. Ponhamo-nos em suas mãos para que se faça em nós a sua vontade; e não poderemos errar, se com determinação sincera permanecermos sempre nesta entrega. E notai bem: por recebermos

muitas destas graças, não mereceremos mais glória, antes, teremos mais obrigação de servi-lo por ter recebido mais. Quando se trata de granjear mais merecimentos, não no-lo impede o Senhor, e é coisa que está em nossas mãos; e assim há muitas pessoas que são santas e nunca souberam o que é gozar nem um só desses favores; e outras que, gozando-os, não o são. Também não imagineis que sejam contínuos; antes, por uma vez que no-los faça o Senhor, são muitos os lavores; desse modo, a alma não pensa em receber mais, senão em retribuí-los com novos serviços.

17. Verdade é que devem muito ajudar para praticar com a maior perfeição as virtudes; mas quem as tiver ganho à custa de seu trabalho, muito mais merecerá. Conheço uma pessoa favorecida pelo Senhor com algumas mercês e até duas – um homem e uma mulher –, que estavam tão desejosos de servir a Sua Majestade à própria custa, sem tantos regalos e tão ansiosos por padecer, que se queixavam a Nosso Senhor de lhos dar; se pudessem deixar de recebê-los, os recusariam. Refiro-me aos regalos que dá o Senhor na contemplação; não a essas visões, porquanto, em suma, trazem grandes lucros e são muito de estimar.

18. Verdade é que também são sobrenaturais esses desejos, em meu ver, e próprios de almas muito enamoradas que desejariam mostrar ao Senhor como não o servem por salário; e, decerto, repito, nunca se lembram se hão de adquirir glória por algum sacrifício, nem é este o motivo que as alenta a maiores serviços. Seguem tão somente os impulsos do amor, cujo natural é agir sempre de mil modos. Se pudessem, buscariam invenções para se consumir em amor, e se fosse mister ficarem elas aniquiladas por toda a eternidade para maior honra de Deus, de muito boa vontade o aceitariam. Seja para sempre louvado o Senhor que determinou mostrar sua grandeza por arquear-se a fim de ter comunicação com tão miseráveis criaturas. Amém.

CAPÍTULO 10

Trata de outras mercês que faz Deus à alma por maneira diferente das sobreditas, como também do grande proveito que operam.

1. De vários modos se comunica o Senhor à alma nestas aparições: ora por estar ela aflita; ora quando lhe há de vir algum trabalho considerável; ora para se deliciar Sua Majestade com ela, e, por sua vez, enchê-la de delícias. Não há para que particularizar mais cada uma dessas graças, pois meu intento é apenas dar a entender as muitas e diversas que há neste caminho, até onde posso alcançar, a fim de compreenderdes, irmãs, como são e que efeitos produzem. Assim, não tomareis por visões as extravagâncias da imaginação, e se fordes favorecidas com alguma verdadeira, sabendo que é possível, não andareis desassossegadas nem aflitas. Muito ganha aqui o demônio e gosta em extremo de ver desolada e inquieta uma alma, pois sabe quanto isto serve de estorvo para ela se empregar toda em amar e bendizer a Deus. Não poderá, porém, o maligno, creio eu, contrafazer outros favores muito mais altos e menos sujeitos a perigo, pelos quais se comunica Sua Majestade por diversas maneiras. São muito ocultos, e, assim, mal se podem exprimir. Melhor se consegue dar a entender as visões imaginárias.

2. Quando ao Senhor apraz, acontece que, estando a alma a orar e fruir de seus sentidos, de súbito lhe manda uma suspensão, na qual lhe dá a entender grandes segredos que a ela parece ver no próprio Deus. Não são visões da sacratíssima humanidade, e embora eu diga que vê, em realidade não vê nada, porque não é visão imaginária, e sim demasiado intelectual,

por cujo meio se lhe descobre como em Deus se veem todas as coisas, e Ele a todas tem em si mesmo. E é de grande proveito, porquanto, embora passe num momento, fica muito encrustada na memória e causa imensa confusão. Vê-se com mais clareza que grande maldade é ofendermos a Deus, porque no mesmo Senhor, digo, por estarmos dentro dele, cometemos tão enormes iniquidades. Quero ver se acerto com uma comparação para vo-lo dar a entender, pois bem sabemos que assim é, e o ouvimos muitas vezes, mas ou não reparamos nesta verdade ou não a queremos compreender, porque se o compreendêssemos como de fato é, creio, não seria possível sermos tão atrevidos.

3. Façamos agora de conta que é Deus qual uma vivenda ou um palácio mui grande e formoso. Este palácio, digo, é o próprio Deus. Podem, porventura, os pecadores sair dele para perpetrar suas maldades? Não, por certo: dentro desse mesmo palácio, dentro do próprio Deus, cometemos, quando pecamos, todas as nossas abominações, desonestidades e malvadezas. Ó temeridade digna de grande consideração e muito proveitosa para nós, ignorantes, que jamais acabamos de entender estas verdades! Se bem o compreendêssemos, não seria possível tanto atrevimento e desatino! Consideremos, irmãs, a grande misericórdia e paciência de Deus em não nos aniquilar de imediato; e rendamos-lhe sobejas graças. Envergonhemo-nos de sentir as ofensas que se cometem e dizem contra nós. É a maior malícia do mundo ver que, sofrendo Deus nosso Criador tantos crimes de suas criaturas dentro de si mesmo, sintamos nós por vezes uma palavra dita em nossa ausência, e, quiçá, sem má intenção.

4. Ó miséria humana! Até quando, filhas, estaremos sem imitar de algum modo este grande Deus! Ah! não imaginemos fazer alguma coisa em sofrer injúrias; antes, de muito boa vontade soframos tudo e amemos a quem no-las faz – pois este grande Deus não nos deixou de amar, a nós que muito o temos ofendido, e, assim, tem imensa razão em querer que todos perdoemos os agravos contra nós cometidos, por muitos que sejam.

Asseguro-vos, filhas, que esta visão, embora muito rápida, é excelsa mercê de Nosso Senhor, e quem a recebe pode tirar muito proveito dela se a trouxer de contínuo presente à memória.

5. Também acontece, assim muito de súbito e de inexprimível maneira, mostrar Deus em si mesmo uma verdade que parece obscurecer todas as que podem existir nas criaturas. Com muita clareza dá a entender que só Ele é a verdade que não pode mentir; e torna evidente o que diz Davi em um salmo: "Todo homem é mentiroso"[97]. Jamais o compreenderia a alma tão ao claro, ainda quando muitas vezes o ouvisse dizer. É Ele a verdade que não pode faltar. Lembro-me de Pilatos; muito era o que pedia ele a Nosso Senhor quando na paixão lhe perguntou: "Que coisa é a verdade?"[98]. E quão pouco entendemos nós, aqui na terra, esta suma verdade!

6. Quisera melhor dar-me a entender, mas são graças que não se podem exprimir. Tiremos daqui, irmãs, este ensinamento: para nos conformarmos um pouco mais com nosso Deus e Esposo, é preciso nos esforçarmos muito por andar sempre à luz desta verdade. Não me refiro só a não dizer mentira, pois neste ponto, Deus louvado!, vejo o máximo escrúpulo nestas casas[99] e sei que por nenhuma coisa seríeis capazes de mentir. Mas não basta: andemos na verdade diante de Deus e dos homens de todos os modos possíveis, mormente sem querer passar por melhores do que somos, dando a Deus o que é seu, e a nós o que é nosso, em todas as nossas obras. Procuremos sempre e em toda parte a verdade, pouca estima teremos deste mundo, onde é tudo falsidade e mentira e onde, portanto, não há bem duradouro.

7. Uma vez estava eu a considerar qual seria a razão de ser Nosso Senhor tão amigo desta virtude da humildade; e

---

97. Sl 116,11. *Omnis homo mendax.*
98. Jo 18,38: *Quid est veritas?*
99. Os conventos das carmelitas.

veio-me logo de súbito, sem trabalho do raciocínio ao que me parece, esta resposta: é porque Deus é a suma verdade, e ser humilde é andar na verdade. Com efeito, é inegável que, por nós mesmos, não temos bem algum; antes, somos miséria e nada. Quem não entende isto, anda na mentira; e quem melhor o entender, tanto mais agradará à Suma Verdade, porquanto anda em sua presença. Praza a Deus, irmãs, conceder-nos a graça de jamais sairmos deste conhecimento próprio. Amém.

8. Mercês destas e outras faz Nosso Senhor à alma, à semelhança da verdadeira esposa sua já determinada a fazer em tudo a divina vontade, porque lhe quer dar alguma notícia acerca do modo de cumpri-la e acerca das suas grandezas. Não há para que tratar de outros favores divinos; Discorri quanto a estes dois por me parecerem de grande proveito. Em coisas semelhantes não há que temer, senão muito que louvar ao Senhor, visto que se digna de concedê-las, pois o demônio, em meu parecer, e também a própria imaginação, têm aqui pouca entrada, e, desse modo, fica a alma cheia de grande consolação.

CAPÍTULO 11

Trata de uns desejos tão grandes e impetuosos
que dá Deus à alma, para que dele goze, a ponto
de pô-la em perigo de perder a vida. Proveito que
redunda desta mercê do Senhor.

1. Não terão bastado todas estas mercês feitas pelo Esposo à alma para que a pombinha ou pequenina mariposa – não penseis que me tenha esquecido dela – esteja satisfeita e ache o pouso onde há de morrer? Não, por certo; antes, pelo contrário, está muito pior. Ainda que por muitos anos tenha recebido estes favores, sempre geme e anda chorosa porque de cada um deles lhe fica maior dor. A causa é que aos poucos conhece mais e mais as grandezas de Deus, e, ao ver-se tão ausente e apartada de gozá-lo, muito mais lhe crescem os desejos, uma vez que também cresce o amor à medida que se lhe descobre quanto merece ser amado este grande Deus e Senhor nosso. E nesses anos aumenta pouco a pouco este desejo, de modo que chega a tão grande pena como agora direi. Disse anos porque assim aconteceu à pessoa a quem me tenho aqui referido; mas bem entendo que para Deus não convém assinalar limites, pois, num só momento, pode fazer chegar uma alma às graças mais sublimes de que tratamos. Poder tem Sua Majestade para tudo o que lhe aprouver, e muito deseja fazer por nós grandes coisas.

2. Veementes são as ânsias, lágrimas e suspiros e os fortes ímpetos de que discorri. Parecem proceder de nosso amor e de grande sentimento; contudo, são como um fogo mesclado à fumaça, o qual se pode sofrer, embora com dificuldade. Mas tudo isto é nada em comparação com o que vou dizer. Andando assim

a alma, abrasando-se em si mesma, acontece muitas vezes, por um pensamento muito rápido ou por ouvir dizer que tarda a morte, vir-lhe de algures – não se entende donde nem como – um golpe semelhante a uma seta de fogo. Não digo seta com exatidão, mas, seja o que for, ao claro se vê ser impossível proceder do nosso natural. Também não é golpe, embora eu assim o tenha chamado; mas fere com agudeza. E não é, a meu ver, onde costumamos sentir as dores, senão no mais profundo e íntimo da alma. Aí, este raio tão súbito e passageiro deixa reduzido a pó tudo quanto acha da terra ou da natureza. Enquanto dura, é impossível haver memória de nós mesmos porque, num instante, ata as potências e não lhes deixa liberdade para nada, senão para o que possa aumentar aquela dor.

3. Não quisera eu que o tivésseis por encarecimento, mas na verdade vejo que ainda digo muito pouco, tão impossível é exprimir tudo. Trata-se de um arroubamento dos sentidos e das potências para tudo o que não é, repito, ajudar a sentir mais aquela aflição. De fato, o entendimento está muito vivo para compreender a razão que tem aquela alma de sentir por estar ausente de Deus; e Sua Majestade ajuda naquele tempo com uma notícia de si tão clara que faz crescer a pena a ponto de prorromper quem a padece em grandes clamores. Apesar de ser mortificada e ter costume de padecer fortes dores, não pode então conter-se, porquanto o sentimento, como ficou dito, não é no corpo, senão no interior da alma. A pessoa de quem falamos compreendeu, deste modo, quão maiores do que as penas corporais são os tormentos do espírito, e quão semelhantes a estes devem ser os do purgatório, onde as almas, não obstante separadas da matéria, padecem muito mais do que todos nós que a ela estamos unidos neste mundo.

4. Vi uma pessoa neste tormento, e pensei que de fato ia perecer, o que não seria muito de admirar, pois, decerto, é perigo próximo de morte. E assim, ainda que pouco dure, deixa muito desconjuntado o corpo, e na ocasião tem os pulsos tão abertos como se já fosse dar a alma a Deus. E não está longe

disto, uma vez que lhe falta o calor natural e de tal maneira está abrasada que com um pouquinho mais lhe teria Deus cumprido seus desejos. Não é que no corpo experimente dor, nem pouco nem muito; mas, torno a dizer, sente-o desconjuntando, de maneira que depois fica dois ou três dias com grandes dores sem nem conseguir ainda ter força para escrever. Tenho mesmo a impressão de que sempre se torna mais sem forças do que antes. Se o não sente, deve ser porque é tão maior o sentimento interior da alma que nenhum caso faz do corpo. Assim acontece quando temos uma dor muito aguda em um membro: ainda que tenhamos outras muitas, não lhes prestamos muita atenção; disto tenho boa experiência. Neste caso de que ora trato, a pessoa não sente dor, nem pouco nem muito; nem mesmo, creio, sentiria se a fizessem em pedaços.

5. Dir-me-eis: é imperfeição. Por que não se conforma ela com a vontade de Deus, se lhe está tão rendida? A isto respondo: até aqui podia fazê-lo, e ia aguentando a vida; agora não, visto que sua razão está de tal sorte que já não é senhora de si, nem pode fixar-se em outra coisa senão no que é causa de seu penar. Se está ausente de seu Bem, para que há de querer vida? Sente uma estranha soledade; nenhuma criatura em toda a terra lhe faz companhia, nem mesmo os que estão no céu, creio eu. Se não é aquele a quem ama, tudo a atormenta. Vê-se como uma pessoa que pende do alto e não acha assento na terra, nem pode subir ao céu; abrasada nesta sede, não consegue atingir a água. E não é sede que se possa sofrer; é em tal extremo que nada a poderia fartar, nem quer ela ser farta a não ser com a água de que falou Nosso Senhor à samaritana[100], e essa ninguém lha dá.

6. Oh! valha-me Deus, Senhor, como apertais aos que vos amam! Mas tudo é pouco em comparação do que lhes reservais. Justo é que muito custe o que muito vale. Quanto mais que, se é para purificar esta alma antes de ser introduzida na séti-

---

100. Cf. Jo 4,7-13.

ma morada – assim como se purificam no purgatório os que hão de entrar no céu –, é tão pouco este padecer como seria uma gota de água em relação ao mar. A pessoa de quem falo tinha passado muitas dores, tanto corporais como espirituais; e tudo lhe parecia nada em comparação a este tormento e angústia que não pode haver maior, segundo creio, em todos os da terra. Mas sente a alma tamanho valor nesta pena que entende muito bem não a podia ter merecido, nem é tormento que em alguma coisa possa achar alívio. E assim, de muito boa vontade o sofre, e, se fosse do agrado de Deus, sofreria toda a vida – o que seria morrer não uma vez, senão sempre morrer, pois, em verdade, não é menos.

7. Consideremos agora, irmãs: que será daqueles que estão no inferno e não experimentam esta conformidade, este contentamento, este gosto que Deus comunica à alma, nem, como ela, esperam tirar lucro dos tormentos, antes – refiro-me às penas acidentais –, sempre padecem mais e mais? Se os suplícios da alma são incomparavelmente mais rigorosos que os do corpo, e os do inferno, sem igual a este de que tratamos, quanto sofrerão os desventurados réprobos ao ver que seus males hão de durar para sempre, infindos? E nós, nesta tão curta vida, que podemos fazer ou padecer que não seja um nada em vista de nos livrarmos de tão terríveis e eternos tormentos? Asseguro-vos de que será impossível dar a entender quão doloroso é o padecer da alma e o quão diferente é do que sofre o corpo, senão a quem o experimentou. E quer o mesmo Senhor no-lo dar a compreender a fim de mais conhecermos o demasiado que lhe devemos por nos ter trazido a um estado no qual, por sua misericórdia, temos esperança de nos haver Ele de salvar e de perdoar nossos pecados.

8. Tornemos agora ao que tratávamos, isto é, àquela alma que deixamos no seu imenso penar. Esse auge não dura muito: três ou quatro horas no máximo, segundo me parece; porque, se mais durasse, impossível seria suportá-lo a fraqueza natural, a não ser por milagre. À pessoa de quem falo, aconteceu não

se prolongar mais de um quarto de hora, e deixá-la feita em pedaços. Verdade é que dessa vez perdeu de todo os sentidos, tamanho o rigor com que foi acometida. Estando a conversar no último dia das festas da Páscoa da Ressurreição, tendo-as passado todas em grande secura quase sem entender que a Igreja as celebrava, sobreveio-lhe, só de ouvir uma palavra acerca da duração demasiada da vida[101]. Ninguém julgue que se possa resistir. É tão impossível como se uma pessoa metida numa fogueira quisesse tirar à chama o calor e o poder de queimar. Não é sentimento que com dissimulação possa calar sem que os presentes entendam o grande risco de vida em que está, embora não saibam o que lhe ocorre no interior. Não deixa, na verdade, de neles achar alguma companhia, mas é como se fossem sombras; e assim lhe parecem todas as coisas da terra.

9. É possível, neste ponto, despertar-se em nós a fraqueza natural – como vou dizer-vos, para o entenderdes se algum dia vos acontecer. Dá-se este caso: alguma vez, estando a alma, como vistes, padecendo do desejo de morrer, de repente a aperta esta pena a tal ponto que lhe parece quase nada faltar para sair do corpo. E eis que, em verdade, se põe a temer, e quereria ver afrouxar-se o tormento, pelo receio de se lhe acabar a vida. Bem se deixa entender ser tal temor proveniente da fraqueza natural, pois por outra parte não a deixam suas ânsias; nem é possível haver remédio que lhe mitigue esta pena, até que lha tire o próprio Senhor. Termina, quase de ordinário, com um arroubamento grande ou com alguma visão onde o verdadeiro Consolador a consola e fortalece para que consinta em viver todo o tempo que for de sua divina vontade.

10. Coisa penosa é esta, mas dela conserva a alma eminentes efeitos e perde o medo a quaisquer trabalhos que lhe possam sobrevir, pois todos lhe parecem nada em comparação do sentimento tão doloroso que experimentara em seu interior. Fica tão aproveitada que gostaria de padecê-lo muitas ve-

---

101. Relação 15 (cf. Apêndice 3).

zes. Mas também isto de nenhum modo é possível; tampouco há meio de torná-lo a sofrer, até que o queira o Senhor, assim como não o há para resistir-lhe ou para interrompê-lo quando vem. Sente-se com muito maior desprezo do mundo que dantes porquanto vê como nenhuma coisa dele pode valer-lhe naquele tormento; muito mais desapegada das criaturas, pela experiência de que só o Criador é capaz de consolar e fartar a alma; e com maior temor e cuidado de não o ofender, pois vê que, assim como consola, também pode atormentar.

11. Duas ocasiões há neste caminho espiritual, em meu parecer, que são perigo de morte. Uma é esta pena, onde decerto há risco, e não pequeno; outra, o gozo e deleite excessivo em tão demasiado extremo que, de fato, parece a alma desfalecer e só lhe faltar um pouquinho para acabar de sair do corpo: e na verdade não seria pouca a sua dita!

Por aqui, vereis, irmãs, se tive motivo para vos dizer que é preciso ânimo; e com que justiça o Senhor, quando lhe pedirdes estas coisas, vos perguntará, como aos filhos de Zebedeu, se podeis beber o seu cálice[102].

12. Todas nós, creio, irmãs, responderemos que sim. E com muita razão, pois Sua Majestade dá esforço aos que vê necessitados. Em tudo defende essas almas; responde por elas nas perseguições e maledicências como fazia por Madalena; por obras, e não por palavras; e por fim, antes que morram, lhes paga tudo por junto, como agora ides ver. Seja Ele para sempre bendito e louvem-no todas as criaturas. Amém.

---

102. Cf. Mt 20,22: Jesus, porém, disse: "Não sabeis o que pedis. Podeis beber o cálice que eu vou beber?"

Sétimas moradas

Nelas há quatro capítulos

CAPÍTULO 1

Trata das grandes mercês que faz Deus às almas quando chegam a entrar nas sétimas moradas. Relata como, em seu parecer, há alguma diferença entre a alma e o espírito, conquanto sejam a mesma coisa. Há pontos notáveis.

1. Parecer-vos-á, irmãs, que, depois de tanto discorrer acerca deste caminho espiritual, não é possível restar por dizer alguma coisa. Que desatino seria pensá-lo! A grandeza de Deus não tem termo, e tampouco o terão as suas obras. Quem acabará de contar suas misericórdias e maravilhas? É impossível, e assim não vos espanteis do que está dito e ainda se vai dizer, pois é uma cifra em comparação do que se poderia contar de Deus. Sobeja misericórdia nos faz Ele quando comunica tais segredos a alguma pessoa pela qual os possamos vir a saber, pois, quanto mais soubermos que se comunica às criaturas, mais louvaremos à sua grandeza, e procuraremos ter mais estima por estas almas com as quais tanto se deleita o Senhor. Cada uma de nós tem a sua, mas, porque não a prezamos como merece criatura feita à imagem de Deus, não entendemos os grandes segredos que nela existem.

Praza a Sua Majestade, se for servido, dirigir por mim a pena e dar-me a entender como vos hei de explicar o muito que resta dizer do que Deus revela a quem introduz nesta morada. Demasiadas súplicas tenho feito a Sua Majestade, pois sabe como é minha intenção que não estejam ocultas suas misericórdias a fim de que mais louvado e glorificado seja o seu Nome.

2. Esperança tenho de que, não por mim, senão por vós, irmãs, me há de fazer esta mercê, para que vos compenetreis de quanto importa não haver impedimento de vossa parte para que celebre o Esposo com vossas almas este espiritual matrimônio que traz consigo tantos bens, como ides ver. Ó grande Deus! justo é que trema uma criatura tão miserável como eu ao tratar de assunto tão superior a todo o meu merecimento e compreensão! Na verdade, sinto-me sobremaneira confusa, a pensar: não será melhor resumir em poucas palavras esta morada? Não imaginarão que o sei por experiência? Isto me causa imensa vergonha e é terrível coisa, conhecendo-me eu por quem sou. Por outra parte, pareceu-me que seria tentação e fraqueza, sejam quais forem os juízos que fizerdes a este respeito. Seja Deus louvado e conhecido um pouquinho mais, e grite contra mim todo o mundo! Aliás, talvez esteja eu morta quando vierdes a ler estas linhas. Bendito seja aquele que vive e viverá para sempre! Amém.

3. Quando é Nosso Senhor servido de ter piedade do que padece e padeceu com suas ânsias esta alma, que de modo sobrenatural já tomou por esposa, mete-a, antes de se consumar o matrimônio espiritual, em sua morada, que é esta sétima. De fato, deve Sua Majestade ter em nós, assim como no céu, um lugar de descanso onde só Ele more. Podemos chamá-lo de outro céu. Sim, irmãs, muito nos importa não pensarmos que a alma seja tenebrosa; pois, como a não vemos, em geral deve parecer-nos que fora desta luz material não há outra interior, e que, portanto, dentro de nós reina alguma escuridão. Em verdade, assim é naquela que não tem a graça santificante, também eu o confesso; e não por falta do Sol de Justiça que nela está, dando-lhe o ser, senão por ser incapaz de receber a luz. Julgo ter dito na primeira morada que a uma pessoa foi dado a entender[103] que estas desditosas almas estão como em escuro cárcere, cegas e mudas, atadas de pés e mãos, incapazes

---

103. Relação 24 (cf. Apêndice 1).

de fazer algum bem que lhes aproveite para merecerem. Com razão devemos compadecer-nos e lastimá-las, porquanto, nalgum tempo, nos vimos assim, e, além disso, também com elas pode o Senhor usar de misericórdia.

4. Tomemos, irmãs, particular cuidado de suplicar a Sua Majestade e não nos descuidemos disto, pois é imensa esmola rogar pelos que estão em pecado mortal. Muito maior piedade devemos ter do que se víssemos um cristão amarrado a um poste, as mãos atadas para trás por cadeia muito forte, morrendo à fome, não por falta de comida, pois tem junto de si os mais delicados manjares, mas porque os não pode tomar e levar à boca pelo total fastio; e está prestes a expirar, e será sua morte não temporal, mas eterna. Não seria grande crueldade se o ficássemos olhando sem lhe chegar à boca o alimento? E que seria se, por vossa oração, caíssem-lhe das mãos as cadeias? Bem vedes o que deveríeis fazer. Por amor de Deus vos rogo: em vossas orações lembrai-vos sempre dos que estão em semelhante estado.

5. Mas aqui não tratamos desses, senão dos que já, pela misericórdia de Deus, têm feito penitência de seus pecados e se acham em estado de graça. Não devemos, por conseguinte, considerá-los como metidos num canto, ou limitados, senão como um mundo interior onde cabem tantos e tão lindos aposentos, segundo tendes visto. E é razão que assim seja, pois dentro da alma há morada para Deus.

Quando, pois, é Sua Majestade servido de lhe fazer mercê deste divino matrimônio, primeiro a introduz na própria mansão onde Ele habita. E quer Sua Majestade que não seja como de outras vezes quando lhe concedia arroubamentos semelhantes, nos quais, assim como também na oração chamada de união, bem creio a unia consigo, mas não era a alma tão chamada a entrar em seu centro como aqui nesta morada; tudo se passava na parte superior. Isto não importa muito: seja de um ou de outro modo, o Senhor então a unia a si, mas era, como aconteceu a São Paulo em sua conversão[104], fazendo-a cega e muda e tirando-lhe o sentimento, a compreensão e a vista daquela mercê de que gozava. Com efeito, o grande deleite que então experimenta a alma é de se ver perto de Deus, mas nessa união ela nada entende porquanto as potências se perdem todas.

6. Aqui é de outra maneira. Quer já nosso bom Deus tirar-lhe as escamas dos olhos e dar-lhe a ver e entender parte da mercê que lhe faz, conquanto de modo estranho. Introduzida naquela morada por visão intelectual, mediante certa maneira de representação da verdade, mostra-se a ela a Santíssima Trindade – Deus em três Pessoas – com um ardor que primeiro lhe atinge o espírito, como nuvem de imensa claridade. Vê a distinção que existe entre as Divinas Pessoas, e, por uma notícia admirável que lhe é infundida, entende com demasiada verdade serem todas as três uma substância, um poder, um saber, e um só Deus. Desta maneira, o que pela fé cremos, ali o entende a alma, a modo de dizer, por ter visto, conquanto não o haja contemplado com os olhos do corpo nem com os da alma, pois não é visão imaginária. Aqui se lhe comunicam todas as três pessoas, e lhe falam, e lhe dão a compreender aquelas palavras do Senhor no Evangelho, quando disse que viria Ele com o Pai e o Espírito Santo a morarem na alma que o ama e guarda os seus mandamentos[105].

7. Oh! Valha-me Deus! Quão diferente coisa é ouvir estas palavras e crê-las, ou entender, por esta via sobrenatural, quão verdadeiras são! E cada dia se admira mais esta alma porque lhe parece que as Pessoas Divinas nunca mais se apartaram dela; antes, vê com notoriedade que, do modo sobredito, as tem em seu interior, no mais, mais íntimo, num abismo muito fundo; e não sabe dizer como é, porquanto não tem letras, mas sente em si esta divina companhia.

---

104. Cf. At 9,8.
105. Jo 14,23: "Se alguém me ama, guarda minha palavra; meu Pai o amará, viremos a ele e nele faremos morada".

8. Imaginareis que, por assim ser, não andará em seus sentidos, mas sim tão embebida a ponto de não poder compreender nada. No entanto, eu vos digo que o pode, e muito mais que dantes, em tudo o que é serviço de Deus, e, ao terminar as ocupações, se queda com aquela agradável companhia. Se esta alma não faltar a Deus, Ele jamais lhe faltará, em meu parecer, e dar-lhe-á sempre a conhecer ao claro a sua presença. E tem ela grande confiança de que não a deixará Deus, pois, por ter-lhe feito tal mercê, não permitirá que a perca; e é justo pensar assim. Contudo, não deixa de andar com mais cuidado que nunca, a fim de em nada desagradar ao Senhor.

9. O trazer em si esta presença, entenda-se: não é de modo tão completo, isto é, com tamanha clareza como se lhe manifesta da primeira vez e de algumas outras em que apraz a Deus fazer-lhe este regalo; porquanto, de outro modo, ser-lhe-ia impossível cuidar de qualquer coisa, e até mesmo viver como os demais homens. Contudo, embora não seja com luz tão clara, sempre vê que se acha na companhia do Senhor. É, por assim dizer, como alguém que estivesse num aposento muito claro com outros companheiros e, de repente, fechassem as janelas, deixando-o na escuridão; por falta de luz não poderia vê-los, e até voltar a claridade não os enxergaria, mas nem por isso deixaria de ter certeza de estarem ali. Será razoável perguntar: ao voltar a luz, pode também a alma, quando quer, tornar a ver as Pessoas Divinas? Isto em absoluto não está em suas mãos: depende de dignar-se Nosso Senhor abrir-lhe a janela do entendimento. Já muita misericórdia lhe faz em nunca dela se apartar e permitir que o entenda com tanta evidência.

10. Parece querer aqui a Divina Majestade dispor a alma para coisas mais sublimes por meio desta admirável companhia; pois, claro está, será grande auxílio para que ela em tudo se adiante na perfeição e perca o temor que sentia algumas vezes ao receber as outras mercês, conforme ficou dito. E, de fato, em tudo se achava ter progredido aquela pessoa. Parecia-lhe que o essencial de seu espírito jamais se apartava da-

quele aposento, por mais trabalhos e negócios que houvesse. E assim, de algum modo, tinha a impressão de andar dividida; e, por estar em grandes trabalhos que, pouco depois de lhe fazer Deus esta mercê, lhe sobrevieram, queixava-se de sua própria alma, à semelhança de Marta quando se queixou de Maria[106], e, por vezes, dizia-lhe: Como estava ela sempre gozando daquela quietação a seu prazer, deixando-a em tantos trabalhos e ocupações, sem lhe fazer companhia?

11. Isto vos parecerá desatino, filhas, mas de fato assim acontece e, embora se entenda bem que a alma está toda junta, não é fantasia o que afirmo; antes, é deveras comum. Por isso, dizia eu que em nosso interior experimentamos certas operações pelas quais se entende haver decerto alguma diferença, e bem sensível, entre a alma e o espírito, por mais que sejam uma só coisa. Algumas vezes agem de modo tão diverso, segundo o deleite que lhes confere o Senhor, que se conhece haver entre eles uma divisão muito sutil. Também me parece que a alma não é o mesmo que as potências: há alguma distinção. São tais os mistérios que existem no interior, e tão delicados, que seria atrevimento meu ousar declará-los. No céu os veremos se o Senhor nos fizer mercê, por sua misericórdia, de nos levar ao seu reino, onde havemos de entender estes segredos.

---

106. Cf. Lc 10,40.

CAPÍTULO 2

Prossegue no mesmo assunto. Discorre acerca da diferença que existe entre união espiritual e matrimônio espiritual. Explica-o por meio de delicadas comparações.

1. Vamos tratar agora do divino e espiritual matrimônio, conquanto esta grande mercê não atinja, creio eu, a sua plenitude e perfeição enquanto estamos nesta vida, pois, se a alma ainda se apartasse de Deus, perderia tão imenso bem.

Quando faz Deus pela primeira vez esta mercê, apraz a Sua Majestade mostrar-se por visão imaginária de sua humanidade sacratíssima, para que o entenda bem a alma e não fique na ignorância de que lhe é outorgado tão soberano dom. A outras pessoas será por outra forma; a esta de quem tratamos, ao acabar de comungar, se representou o Senhor em figura de grande resplendor, beleza e majestade, como depois da Ressurreição. Disse-lhe que já era tempo de que os interesses divinos tomasse ela por seus, e Ele teria cuidado dos dela; e acrescentou outras palavras mais fáceis de gozar que de repetir[107].

2. Parecerá não haver aqui novidade, pois de outras vezes já se lhe havia representado o Senhor do mesmo modo. E, entretanto, foi tão diferente que a deixou bem desatinada e cheia de temor; de uma parte, pela grande força desta visão; de outra, pelas palavras referidas, e também porque no interior de sua alma, onde se lhe representou, jamais tivera outras visões, a não ser a passada. Entendei bem: há imensa diferença entre todas as graças precedentes e as desta morada, e tão enorme distância entre o desponsório e o matrimônio espiritual, como entre os tão somente desposados e os que já se não podem apartar.

---

107. Relação 35 (cf. Apêndice 4, tomo 5).

3. Segundo já vos tenho dito, uso destas comparações por não achar outras melhores, mas entendei bem que nem há lembrança do corpo; é como se a alma estivesse fora dele e fosse apenas espírito. Ainda mais no matrimônio espiritual, visto se realizar esta secreta união no centro mais íntimo da alma, onde, penso, está o próprio Deus, que não tem necessidade de porta para aí entrar. Digo que não é preciso porta; porquanto, em tudo quanto ficou referido mais atrás, parece que os sentidos e potências servem de intermediários; mesmo nas aparições da humanidade do Senhor, ainda deve ser assim, creio eu. Mas o que se passa na união do matrimônio espiritual é deveras distinto: aparece o Senhor no próprio centro da alma, em visão não imaginária, mas intelectual, ainda mais delicada que as outras; assim como apareceu aos apóstolos, fechadas as portas, e lhes disse: *"Pax vobis!"*[108]. É um segredo tão grande e uma tão elevada mercê o que ali comunica Deus à alma em um instante, e tamanho o imenso deleite experimentado, que não sei usar de comparação: dir-se-ia que quer o Senhor manifestar-lhe naquele momento a glória do céu por mais insigne maneira do que em nenhuma outra visão ou gosto espiritual. Não se pode dizer senão que, tanto quanto se pode entender, fica a alma, ou antes, o seu espírito, feito uma só coisa com Deus; pois, sendo também espírito, Sua Majestade quis mostrar o seu amor para conosco em dar a entender a algumas pessoas até onde chega esse mesmo amor, a fim de louvarmos à sua grandeza por se ter dignado de unir-se a uma criatura a tal ponto que não se quer apartar mais dela, assim como os esposos que já se não podem apartar.

4. O desposório espiritual é diferente; até aí podem separar-se, e na união também, como acontece muitas vezes; pois, ainda que unir seja tomar duas coisas e juntá-las de modo que fizessem uma só, ainda é possível, contudo, poderem apartar-se depois e subsistir cada uma de per si. Por certo, em geral essas outras mercês do Senhor passam depressa, pois deixam a alma sem aquela companhia, isto é, sem dela ter consciência. Nesta

---

108. Jo 20,21: A paz seja convosco!

última mercê, não, porquanto sempre se queda a alma com seu Deus naquele centro. Comparemos a união a duas velas cera que estão unidas com perfeição e dão uma só luz; ou ao pavio, à luz e à cera que formam um único círio; contudo, é possível apartar uma vela da outra, de modo que fiquem duas, ou também separar da cera o pavio. Aqui, porém, é como água do céu que, jorrando sobre um rio ou fonte, incorpora-se a ele por completo a ponto de já não se poder dividir ou apartar, nem saber qual a água do rio e qual a do céu; ou como um pequenino arroio que se lança no mar, de onde não há mais meio de retirá-lo; ou como uma grande luz que, ao entrar num aposento por duas janelas, embora entre dividida, se torna uma só luz.

5. É isto, porventura, o que diz São Paulo: "O que se arrima e chega a Deus, faz-se um espírito com Ele"[109]; refere-se ele a este soberano matrimônio, no qual se pressupõe já ter se achegado Sua Majestade à alma por meio da união espiritual. Também diz ele: *"Mihi vivere Christus est, mori lucrum"*[110]. Algo similiar, parece-me, pode dizer a alma aqui, pois é então que morre a pequenina mariposa de que tratamos, e com imenso gozo porquanto já sua vida é Cristo.

6. Melhor se entende isto, com o andar do tempo, pelos efeitos, porquanto se vê ao claro ser Deus quem dá vida à alma por umas secretas aspirações que inúmeras vezes são tão vivas a ponto de não ser possível haver dúvida. Sente-as muito bem a alma, embora não as saiba exprimir, e é tamanho este sentimento que faz brotar em certas horas umas palavras de ternura que, parece, não pode deixar de dizer: "Ó vida de minha vida, e sustento que me sustentas! e outras exclamações semelhantes. É que daqueles peitos divinos[111], onde dir-se-ia estar sempre Deus a sustentar a alma, brotam uns veios de leite que a toda a guarnição do castelo deixam confortada. Parece querer o Senhor fazer toda a gente dele tomar parte, de algum modo, no muito que frui a alma; e determina que daquele rio caudaloso, para o qual se lançou aquela

---

109. 1Cor 6,17: *Qui adhaeret Domino, unus spiritus est.*
110. Fl 1,21. Pois para mim a vida é Cristo e a morte, lucro.
111. Cf. Is 66,11.

tão pequenina fonte, corra algumas vezes um regato para sustento dos que hão de servir materialmente a estes dois desposados. E assim como uma pessoa que está descuidada sentiria a água se a mergulhassem nela de repente, e não poderia deixar de senti-la, do mesmo modo, e ainda com mais certeza, se entendem estas operações a que me refiro. Com efeito, não poderia jorrar perto de nós um grande jato de água sem provir de algum manancial; assim também, repito, a alma conhece com demasiada clareza ter dentro de si quem lhe arroja as setas que a traspassam; conhece quem se tornou a vida de sua vida e o sol de onde procede essa fulgurante luz que do interior lhe dardeja as potências. Quanto a ela, segundo vos disse, não se aparta daquele centro nem perde a paz, porquanto aquele que a deu aos apóstolos quando estavam reunidos[112] é poderoso para lha comunicar.

7. Vem-me ao pensamento que esta saudação do Senhor devia ser muito mais poderosa do que se pode entender pelo que soa ao ouvido. Penso também o mesmo de quando o Senhor disse à gloriosa Madalena que se fosse em paz[113]. Com efeito, a palavra do Senhor, que em nós age como obras, de tal maneira devia atuar naquelas almas já tão bem dispostas, que, ao apartar delas tudo quanto de certo modo era ainda corpóreo, deixou-as como puros espíritos, aptas para se juntarem nesta celestial união com o Espírito incriado; pois é muito certo que, se nos esvaziarmos de todas as criaturas e delas nos desapegarmos por amor de Deus, o próprio Senhor nos encherá de si. É por isso que, orando uma vez Jesus Cristo Nosso Senhor por seus apóstolos – não sei onde – pediu que eles fossem uma só coisa com o Pai e com Ele, como Jesus Cristo Nosso Senhor está no Pai, e o Pai nele[114]. Não sei que maior amor pode haver! E nesta súplica entramos todos nós, pois disse Sua Majestade: "*Não rogo só por eles, senão por todos aqueles que também hão de crer em mim*"[115]. E ainda: "*Eu estou neles*"[116].

---

112. Jo 20,19.
113. Lc 7,50.
114. Jo 17,21.
115. Jo 17,20.
116. Jo 17,23.

8. Oh! Valha-me Deus! Que palavras tão verdadeiras! E quão bem as entende a alma, que, nesta oração, as vê por si! E como as entenderíamos todas nós se não lhes puséssemos obstáculo por nossas culpas, pois as palavras de Jesus Cristo nosso Rei e Senhor não podem faltar! Nós, porém, faltamos com a necessária disposição que nos aparta de tudo quanto pode embaraçar esta luz, e, por isso, não nos vemos neste espelho que contemplamos, no qual está esculpida a nossa imagem.

9. Tornemos ao que tratávamos. Por colocar o Senhor a alma nesta morada sua, que é aquele centro mais profundo dela própria – assim como dizem que o céu empíreo onde Nosso Senhor está não se move como os demais[117] –, assim também, desde a entrada, parecem nela cessar, de modo que lhe possam causar prejuízo ou tirar a paz os movimentos ordinários das potências e da imaginação.

Não quero dizer, como talvez penseis, que ao apenas receber de Deus esta mercê a alma está segura de sua salvação e livre de tornar a cair. Não o digo; e sempre que em qualquer lugar me referir a este gênero de segurança no qual a alma parece estar, bem entenda-se: é enquanto a Divina Majestade assim a tiver de sua mão, e ela não ofender a Deus. Pelo menos sei com certeza que, embora se veja nesse feliz estado, e nele permaneça há vários anos, não se tem por segura; pelo contrário, anda com muito mais temor que antes e com extremo cuidado de guardar-se de qualquer pequena ofensa a Deus. Tem tão grandes desejos de servi-lo como se dirá adiante, e sente, de ordinário, pena e confusão ao ver quão pouco faz a quanto está obrigada, o que é não pequena cruz, senão grande penitência. Quanto às austeridades corporais, quanto maiores, mais deleite lhe causam. Os verdadeiros rigores para ela são as ocasiões em que Deus lhe tira a saúde e forças e possibilidade de fazer penitência. Embora alhures já me tenha referido ao grande sentimento que isso lhe causa, aqui é muito maior, e tudo lhe deve vir de onde tem plantadas as suas raízes. Assim como a árvore

---

117. Assim pensavam no tempo de Santa Teresa.

junto à torrente das águas tem mais frescor e dá mais frutos – serão de maravilhar os anseios desta alma, se o seu verdadeiro espírito está feito um com a água celestial de que dissemos?

10. Tornando ao que vos dizia, não quero afirmar que as potências, sentidos e paixões estejam sempre nessa paz: a alma, sim, está. Nas moradas inferiores, porém, não deixa de haver tempos de guerra, trabalhos e aflições; mas são de maneira que não a fazem arredar de sua quietação e de seu posto: assim acontece amiúde.

Este centro de nossa alma, ou este espírito, é coisa tão dificultosa de exprimir, e até mesmo de crer, que receio, irmãs, dar-vos alguma tentação de não acreditardes em minhas palavras por não me saber explicar. Com efeito, dizer que, embora haja trabalhos e penas, a alma está em paz, é uma verdade que não se impõe com deveras facilidade. Quero apresentar-vos uma ou duas comparações para melhor me dar a entender. Praza a Deus o consiga; mas ainda no caso de ninguém me crer, sei que é verdadeira a minha afirmação.

11. Está o Rei no seu palácio, e há muitas guerras no seu reino e muitas ocorrências penosas, mas nem por isso deixa ele de se manter em seu posto. Assim é aqui: ainda quando se agitam nas outras moradas os répteis peçonhentos, e surgem complicações e alvoroços que causam burburinho aos ouvidos, nada entra nesta última morada, tampouco dela é arrancada a alma. Os rumores que ouve, embora lhe deem alguma pena, não é de modo que a inquietem e lhe tirem a paz; porque tão vencidas estão já as paixões, que não ousam ali entrar, pois sabem que sairão mais rendidas.

Temos dor em todo o corpo; mas se a cabeça está sã, nem por nos doer o corpo nos doerá a cabeça.

Rio-me destas comparações porquanto não me satisfazem, mas não me ocorrem outras. Pensai como quiserdes; mas é verdade o que vos disse.

CAPÍTULO 3

Trata dos grandes efeitos causados pela oração mencionada. Cumpre considerá-los atenta e cuidadosamente porque é admirável a diferença entre estes e os que são produzidos pelas graças anteriores.

1. Como ficou dito, morreu a nossa pequenina mariposa com imensa alegria de ter achado repouso; nela já vive Cristo. Vejamos qual é agora o seu viver, ou que diferença há de quando era ela quem vivia; visto ser pelos efeitos que veremos se é verdadeiro o que afirmei. Tanto quanto me é dado entender, são aos quais me referirei.

2. O primeiro é o esquecimento de si, a ponto de parecer que já não tem existência própria, como ficou dito. Toda ela está de tal maneira que não se conhece, nem se lembra se lhe há de caber céu, nem vida, nem honra, pois de se emprega de todo em promover a glória de Deus. Bem se deixa ver como as palavras que ouviu de Sua Majestade: "Zela a minha honra, que eu zelarei a tua"[118], nela atuaram com eficácia, como obras. E é assim que de tudo quanto pode suceder não tem cuidado; está num olvido estranho. Parece, repito, que já não tem ser, nem o quer ter em nada, exceto quando entende que de algum modo pode contribuir para aumentar um pouquinho a honra e glória de Deus. Para este fim, de muito boa vontade exporia a vida.

3. Nem por isso imagineis, filhas, que se descuide por completo de comer e dormir – o que constitui para ela não pequeno tormento –, e de cumprir todas as obrigações pertencentes a seu estado. Refiro-me apenas ao que experimenta no interior; pois quanto às obras exteriores pouco há que dizer, e antes é justa-

---

118. Cf. Relação 35 (cf. Apêndice 4).

mente a sua pena o ver que nada consegue com suas minguadas forças. Tudo o que pode e entende ser do serviço de Nosso Senhor não o deixaria de fazer por coisa alguma da terra.

4. O segundo efeito é um desejo grande de padecer, que, entretanto, não lhe causa inquietação como dantes; uma alma chegada a este ponto tem ânsias tão extremas de que nela se cumpra a vontade de Deus a ponto de achar bom tudo quanto Sua Majestade faz: se lhe quiser enviar padecimentos, sejam bem-vindos; se o não quiser, não fica desolada como dantes.

5. Têm também estas almas imenso gozo interior quando são perseguidas e com muito maior paz do que já ficou dito, assim como sem alguma inimizade contra os que lhes fazem ou desejam fazer mal; antes, pelo contrário, cobram-lhes particular amor. Se veem a seus perseguidores nalgum trabalho, sentem-no com terneza, e de muito boa vontade o tomariam para si a fim de os livrar; sempre, de coração, os encomendam a Deus, e gostariam de privar-se em parte das mercês divinas para que Sua Majestade as comunicasse a eles, a fim de não ofenderem mais a Nosso Senhor.

6. Eis, porém, o que me espanta mais que tudo. Já tendes visto os trabalhos e aflições em que andavam, pelas ânsias de morrer a fim de gozarem de Nosso Senhor. Agora, tão grande desejo têm de o servir e de contribuir para a sua glória e de aproveitar a alguma alma, se assim lhes fosse dado, que não só não desejam morrer, mas querem viver demasiados anos e padecer mui graves trabalhos se houvesse esperança de, por seu meio, ser o Senhor louvado, ainda que o fosse na mínima circunstância. E, decerto, se soubessem que, ao sair do corpo a alma, logo iriam gozar de Deus, não se moveriam a querê-lo; nem pensam na glória que têm os santos, nem por ora desejam ver-se nela. A glória que tão somente cobiçam é poder ajudar de algum modo o Crucificado, sobretudo quando veem que é tão ofendido e tão poucos há que, desapegados de tudo o mais, deveras zelem pela honra de Deus.

7. Verdade é que, algumas vezes, de tudo se esquecem, de modo que voltam com ternura aos anseios de gozar de Deus

e sair deste desterro, mormente à vista de quão pouco o servem; mas logo tornam às disposições primeiras, e, por considerarem que de modo contínuo o têm, contentam-se com isto e oferecem a Sua Majestade a aceitação da vida na condição de oferenda mais custosa que lhe poderiam fazer.

Nenhum temor sentem da morte: é como se fosse para elas um suave arroubamento. O próprio Senhor que lhes dava aqueles desejos com tão excessivo tormento, dá-lhes agora estes outros. Seja para sempre bendito e louvado!

8. Enfim, os anelos dessas almas já não são por regalos nem por gostos, pois têm consigo o próprio Senhor que nelas vive agora. Claro está que a existência de Sua Majestade na terra não foi senão um contínuo tormento, e assim faz Ele que seja também a nossa ao menos pelos desejos, pois, no resto, leva em conta a nossa fraqueza, conquanto nos comunique muito de sua força divina quando vê que é necessário.

Vivem em grande desapego de todas as coisas e desejam estar sempre ou sós ou ocupadas no proveito espiritual de alguma alma. Não há securas nem trabalhos interiores, senão uma contínua lembrança de Nosso Senhor com tamanha ternura que desejariam nunca interromper seus louvores. Quando há algum descuido, o próprio Senhor as desperta do modo supracitado; e vê-se com demasiada clareza que procede aquele impulso – não sei outro modo de chamá-lo – do interior da alma, segundo se discorreu a respeito dos ímpetos. Aqui é extrema a suavidade, e não procede do pensamento nem da memória, tampouco é de modo que pareça prestar a alma o seu concurso. Isto é tão ordinário e tão frequente que se pode observar com bastante atenção. Assim como um fogo lança a labareda para cima, e não para baixo, por mais aceso que o imaginemos, assim bem se entende que este movimento interior procede do centro da alma e desperta as potências.

9. Por certo, ainda quando não houvesse outro proveito neste caminho da oração, a não ser entendermos o particular cuidado com que Deus se comunica a nós e nos solicita, com seu amor, para que estejamos com Ele – pois não parece outra coisa –, te-

nho por bem empregados todos os trabalhos possíveis a troco de gozarmos desses toques de seu amor tão suaves e penetrantes.

Isto já tereis experimentado, irmãs, porque penso: quando se chega a ter oração de união, anda o Senhor com este cuidado, caso não nos descuidemos de guardar seus mandamentos. Quando assim vos acontecer, recordai-vos: é desta morada interior, onde está Deus em nós, que vêm esses toques, e louvai-o em demasia, porquanto, não há dúvida, é seu aquele recado ou bilhete escrito com tanto amor, e quer que só vós entendais aquela letra e o que por ela vos pede. E nunca deixeis de responder a Sua Majestade, ainda que estejais ocupadas no exterior ou em conversação com algumas pessoas; pois acontecerá muitas vezes querer Nosso Senhor fazer-vos em público esta secreta mercê. Qual deva ser a resposta interior, é muito fácil: fazei um ato de amor, como vos disse, ou perguntai, a exemplo de São Paulo: "Senhor, que quereis que eu faça?"[119]. De muitas maneiras vos ensinará então vosso Mestre como haveis de agradar-lhe; e é tempo aceitável, pois Ele parece dar a entender que nos ouve, e quase sempre dispõe a alma por meio desse toque tão delicado para ser capaz de fazer com ânimo resoluto o que lhe é agradável.

10. A diferença que há aqui nesta morada é, pois, esta: quase nunca há securas nem perturbações interiores como havia de tempos a tempos em todas as outras. A alma está em quietação quase contínua. Não receia que tão insigne mercê possa provir de engano diabólico, e tem certeza constante que vem de Deus, porquanto, segundo ficou dito, aqui não têm entrada os sentidos e potências. Descobriu-se Sua Majestade à alma e meteu-a consigo onde, em meu parecer, não ousarão entrar os demônios, tampouco o Senhor o permitirá; e todas as mercês que lhe faz são sem nenhum concurso dela, a não ser a entrega radical que de si já fez a Deus.

11. É com tanta quietação e silêncio tudo quanto o Senhor aqui ensina e comunica à alma que me faz pensar na edificação do templo de Salomão[120] em que não se devia ouvir estrondo

---

119. At 9,6.
120. Cf. 1Rs 6,7.

algum; assim, neste templo de Deus, nesta morada sua, só Ele e a alma se gozam com imenso silêncio. Não tem mais o entendimento que remexer-se ou buscar presa; o Senhor que o criou, o quer sossegar aqui, e apenas por uma pequena fresta admite-o a espreitar o que se passa. Com efeito, ainda que por vezes não lho seja permitido e o perca de vista, é mui breve o intervalo, pois, em meu parecer, aqui as potências não agem, mas não se perdem, e estão como espantadas.

12. Também o estou eu por ver que, ao chegar a este ponto, todos os arroubamentos lhe são tirados – isto é, no que se refere a ficar privada dos sentidos –, a não ser uma vez por outra, e, ainda então, sem aquelas movimentações e aqueles voos de espírito que tinha. Sobrevém-lhe isto com muita raridade, e quase sempre não é em público, como antes lhe acontecia muito de ordinário. Não a tiram mais de si as grandes ocasiões próprias a excitar-lhe a devoção, tais como o ver uma tocante imagem ou ouvir um sermão ou música. Outrora, quase não se podia conter: andava a pobre e pequenina mariposa tão ansiosa que tudo a assustava e fazia voar. Agora, ou por ter achado seu repouso ou por ter visto tamanhas lindezas nesta morada, nada mais a espanta; ou, por gozar de tão divina companhia, já não se acha naquela soledade que costumava sentir. Enfim, irmãs, ignoro qual seja a causa, mas em começando o Senhor a mostrar o que há nesta morada e metendo ali a alma, sente-se libertada daquela grande fraqueza que tantos vexames lhe causava e da qual jamais se pudera livrar. Será, talvez, que o Senhor já a fortaleceu e dilatou, comunicando-lhe maior capacidade; ou também porquanto tenha querido manifestar em público as graças que em segredo fazia a estas almas, e isto por certos fins conhecidos de Sua Majestade, pois superam seus juízos tudo quanto aqui podemos imaginar.

13. Estes efeitos, com todos os demais que dissemos serem bons nos graus precedentes de oração, os opera Deus quando chega a alma a si, dando-lhe também o ósculo que lhe pedia a Esposa – pois aqui, a meu ver, se lhe cumpre esta petição. Aqui se dão em abundância as águas a esta corça ferida. Aqui se deleita no tabernáculo de Deus[121]. Aqui, à semelhança da pombi-

---

121. Ap 21,3: *Ecce tabernaculum Dei cum hominibus.*

nha enviada por Noé a fim de examinar se findava tempestade, colhe o ramo de oliveira[122] em sinal de ter achado terra firme por entre as ondas e procelas deste mundo. Ó Jesus! Quem sabe as muitas passagens da Escritura que dão a entender esta paz da alma! Deus meu, pois vedes quanto ela nos importa, infundi aos cristãos desejos de buscá-la, e àqueles a quem já a concedestes, não lha tireis, por vossa misericórdia; porquanto, enfim, até que lhes deis a verdadeira paz e os leveis ao infindável reino, sempre se há de viver com temor. Digo a verdadeira, não que esta o não seja, mas porque poderia tornar a haver guerra, como no princípio, se nos apartássemos de Deus.

14. Que sentirão essas almas, todavia, ao ver que poderiam vir a perder tão grande bem? Esta lembrança as faz andar mais cautelosas, de modo que procuram tirar forças da fraqueza a fim de não deixarem perder, por culpa sua, nenhuma ocasião de mais agradar a Deus que se lhes possa oferecer. Quanto mais favorecidas por Sua Majestade, com mais receio e temor vivem de si. E, como nessas grandezas divinas mais entenderam suas misérias e por mais graves conhecem os seus pecados, muitas vezes nem ousam levantar os olhos, qual o publicano[123]; e, outras vezes, consomem-se em desejos de se lhes acabar a vida a fim de se verem seguras. Mas logo tornam, pelo amor que têm a Deus, a querer viver para servi-lo, como fica relatado, e fiam de sua misericórdia tudo que lhes diz respeito. Em certos tempos, à vista de tantas mercês, andam mais aniquiladas em virtude do temor de que lhes aconteça como a uma embarcação que, por demasiada carga, vai ao fundo.

15. Asseguro-vos, irmãs, que não lhes falta cruz; mas nada consegue inquietá-las nem lhes fazer perder a paz. Passam depressa as provações, como certos aguaceiros ou tempestades, e logo torna a bonança, pois a presença do Senhor, que sempre trazem consigo, lhes faz esquecer tudo. Seja Ele para sempre bendito e louvado por todas as suas criaturas. Amém.

---

122. Cf. Gn 8,8-11.
123. Lc 18,13.

CAPÍTULO 4

Termina com o relato de qual é, segundo lhe parece, o fim que tem Nosso Senhor em vista ao fazer à alma tão grandes mercês, e como é necessário andarem sempre juntas Marta e Maria. É muito proveitoso.

1. Não haveis de pensar, irmãs, que estas almas experimentem sempre com a mesma intensidade os efeitos sobreditos; não! e, por isso, quando me lembro, digo que assim é *de ordinário*. De fato, algumas vezes as deixa Nosso Senhor entregues ao seu natural, e então dir-se-ia que se coligam contra elas todos os répteis venenosos dos arredores e das moradas do castelo para tirar desforra do tempo em que as não puderam molestar.

2. Verdade é que dura pouco: um dia, quando muito, ou pouco mais. Nesse grande motim, que em geral procede de alguma ocasião extrínseca, vê-se quanto a alma ganha na boa companhia em que vive; porquanto lhe comunica o Senhor perfeita inteireza de ânimo para em nada se apartar do divino serviço e das boas determinações anteriores, as quais até parecem crescer, de modo que ela, nem pelo mínimo primeiro movimento, vacila em suas disposições. Poucas vezes acontece, repito; mas quer Nosso Senhor que ela não perca a lembrança de quem é por si mesma a fim de que, por um lado, sempre esteja humilde, e, por outro, ao entender mais quanto deve a Sua Majestade e quão grandes são as mercês recebidas, se empregue em louvá-lo.

3. Também não vos passe pelo pensamento que estas almas, por terem tão fortes desejos e resoluções de não cometer

uma imperfeição por coisa alguma da terra, deixem de cair em muitas, e até mesmo em pecados, embora não com advertência, pois disto as deve preservar o Senhor com particular auxílio. Quando falo em pecados, refiro-me aos veniais; dos mortais, tanto quanto podem entender, estão livres; mas não se têm por seguras: receiam ter cometido alguns sem compreenderem, e isto deve ser para elas não pequeno tormento. Outro suplício é a vista das almas que se perdem; e, embora até certo ponto tenham grande esperança de não entrar nesse número, quando se recordam de alguns que, segundo se lê na Escritura, pareciam favorecidos pelo Senhor, como um Salomão[124], que tanto privou de Sua Majestade, não podem, repito, deixar de atemorizarem-se. E aquela entre vós que se vir com maior segurança, essa ande mais temerosa, pois diz Davi: "Bem-aventurado o varão que teme o Senhor"[125]. Sua Majestade nos ampare sempre: suplicar-lhe a todo instante que nos assista para jamais o ofendermos é a maior segurança que podemos ter. Seja Ele para sempre louvado. Amém.

4. Bom será, irmãs, dizer-vos com que fim concede o Senhor tantas mercês neste mundo. Se prestastes atenção, já o tereis compreendido pelos efeitos que as acompanham; contudo, quero tornar a dizê-lo aqui para não vir alguma de vós a pensar que é só com o intuito de regalar essas almas, pois seria grande erro. Com efeito, não nos pode Sua Majestade fazer maior graça do que dar-nos vida semelhante à de seu Filho tão amado; e assim tenho por certo que nos concede estas mercês para fortalecer nossa fraqueza, como já vos disse aqui alguma vez, a fim de o podermos imitar no muito padecer.

5. Sempre temos visto que os mais chegados a Cristo Nosso Senhor foram os que por maiores trabalhos passaram. Consideremos quanto sofreu sua gloriosa mãe, e também os gloriosos apóstolos. Como foi, dizei-me, que teve São Paulo força

---

124. Cf. 1Rs 11.
125. Sl 112,1.

para aguentar tão imensas tribulações? Por ele podemos ver quais os efeitos da contemplação divina e das visões, quando, em verdade, procedem de Nosso Senhor, e não da imaginação ou dos enganos do demônio. Porventura escondeu-se com elas, para gozar daqueles regalos, sem mais se ocupar em outra coisa? Já sabeis que não teve dia de descanso, ao que podemos entender; e tão pouco o devia ter de noite, pois velava então para granjear o sustento[126]. Gosto muito daquela passagem na qual São Pedro, ao conseguir fugir do cárcere, viu aparecer-lhe no caminho Nosso Senhor, que lhe disse: "Vou a Roma para ser de novo crucificado". Nunca rezamos o ofício[127] da festa em que se lê isto sem que eu experimente particular consolo. E como ficou São Pedro depois desta mercê do Senhor? Que fez ele? Foi logo ao encontro da morte. Quando assim acontece, não é pouca misericórdia do Senhor haver algoz que martirize.

6. Ó irmãs minhas, como deve estar olvidada de seu descanso, indiferente a toda honra e alheia a qualquer desejo de ser tida em boa conta a alma que o Senhor tão particularmente assiste! Sim, pois se ela está muito com Ele, como é razão, pouco se deve lembrar de si. Só pensa em como há de mais contentar o Senhor, em que circunstâncias e por que meios mostrará o amor que lhe tem. Para aqui chegar é que serve a oração, filhas minhas; e o fim deste matrimônio espiritual é que dele nasçam obras, sempre obras.

7. Esta é a verdadeira prova de ser graça e mercê feita por Deus, como já vos disse. Com efeito, pouco me aproveita estar muito recolhida, na solidão, a fazer atos e afetos a Nosso Senhor, a propor e a prometer executar maravilhas em seu serviço, se ao dali sair, em se apresentando ocasião, faço tudo ao revés. Digo mal, pois todo tempo que se passa com Deus é de muito proveito; e, embora sejamos fracos em depois cumprir

---

126. 1Ts 2,9.
127. No antigo breviário carmelitano, que então usava Santa Teresa, referia-se esta piedosa crença no dia 29 de junho, Festa de São Pedro.

as nossas determinações, alguma vez dará Sua Majestade graça para realizá-las, e até mesmo a contragosto nosso. Com efeito, acontece amiúde que o Senhor, ao ver muito covarde uma alma, lhe envia um imenso trabalho, que ela bem não quereria receber, e fá-la sair vitoriosa; e, daí em diante, essa alma, por ter experimentado o auxílio da graça, perde o medo e afronta maiores perigos por Ele. Meu pensamento foi que o proveito é pouco em comparação do muito mais que se ganha quando as obras estão de acordo com os afetos e as palavras. Quem não conseguir fazer tudo de uma vez, faça-o aos poucos. Aos pouquinhos dobre sua vontade, se quer tirar fruto da oração. Nos recantos de vossos conventos não faltarão diversas ocasiões em que vos possais exercitar.

8. Vede bem que isto tem muito mais importância do que vo-lo sei dizer, por mais que o encareça. Ponde os olhos no Crucificado, e tudo vos parecerá pouco. Se nos mostrou Sua Majestade seu amor com obras e tormentos tão estupendos, como quereis vós contentá-lo só com palavras? Sabeis como seremos em verdade espirituais? Fazendo-nos escravas de Deus, marcadas com o ferro da sua cruz; dando-lhe toda a nossa liberdade, para que a todos nos possa vender por escravos, como Ele o foi, pois com isto não nos faz nenhum agravo, nem é pequena mercê. Se a isto não vos determinardes, não espereis progredir muito, porque todo este edifício, como já vos disse, tem por fundamento a humildade, e se esta não for deveras verdadeira, para vosso próprio bem não quererá o Senhor levantá-lo muito alto, a fim de não virdes a dar com tudo em terra. Portanto, irmãs, para cavardes sólidos alicerces, procure cada uma ser a menor, a escrava da casa. Buscai meios e modos de causar prazer e prestar serviço a todas, pois, o que neste caso fizerdes, mais redundará no vosso proveito que no delas, e assentareis pedras tão firmes que não vos virá a cair o castelo.

9. Torno a dizer: para isto é mister que não ponhais vosso fundamento só em rezar e contemplar; pois, se não buscardes as virtudes e não vos exercitardes nelas, ficareis sempre dimi-

nutas. E ainda praza a Deus que o vosso mal seja só não crescer, porquanto, como já sabeis: quem não cresce, míngua. Sim, porque tenho por impossível que o amor, onde de fato existe, se resigne a ficar inerte.

10. Parecer-vos-á que me refiro aos principiantes, e que depois, com o andar do tempo, já podem descansar. Já vos disse e repito: o sossego interior de que gozam estas almas é obtido a troco de muito menos sossego no exterior, e, aliás, elas próprias não o querem ter. Para que são – dizei-me – aquelas inspirações de que vos falei, ou, por melhor dizer, aquelas aspirações e mensagens expedidas pela alma, do centro interior em que reside, a toda a gente que guarnece a parte superior do castelo e às moradas que rodeiam a última, onde está ela? Será para que se deitem a dormir? Não, não, não! Desse seu íntimo, mais guerra faz aos sentidos e potências, e a tudo quanto é corporal, a fim de não se entregarem à ociosidade similar a doutros tempos, quando padecia com eles; pois então não entendia o lucro tão grande encerrado nos trabalhos, e agora já vê terem sido estes, porventura, os meios pelos quais a trouxe Deus a tão elevado estado. A companhia que em si traz lhe dá forças muito maiores do que nunca. Com efeito, se aqui na terra, como diz Davi, com os santos seremos santos[128], é indubitável que, por estar a alma feita uma só coisa com o Forte por excelência, pela união tão soberana de espírito com espírito, há de participar da fortaleza divina; e assim vemos como têm sido heroicos os santos, nos padecimentos e na morte.

11. É muito certo que, do vigor que naquela união contrai, acode com reforço a toda a guarnição do castelo; e ainda o mesmo corpo muitas vezes parece não lhe servir mais de obstáculo, esforçado como está com as energias que, sobre a humana fraqueza, redundam do vinho que bebe a alma nessa adega onde a introduziu seu Esposo para não mais a deixar sair; assim como o manjar, embora recebido só no estômago,

---

128. Sl 18,26: *Cum sancto, sanctus eris.*

robustece a cabeça e todos os membros. E, assim, muito má sorte cabe ao corpo nesta vida; pois, por mais que trabalhe, muito maior é a força interior com que lhe faz guerra a alma, a quem tudo parece nada. Deve ter sido esta a origem das grandes penitências que fizeram muitos santos, em especial a gloriosa Madalena, criada sempre em tanto regalo; e aquela fome que nosso Padre Elias teve da honra[129] de seu Deus; e o zelo de ganhar almas que tiveram São Domingos e São Francisco, para que o Senhor fosse louvado. E asseguro-vos que não devem ter sofrido pouco, esquecidos, como estavam, de si mesmos.

12. Isto quero eu, minhas irmãs, que procuremos alcançar; e, não para nosso gozo, mas para termos essas forças no divino serviço, desejemo-lo e ocupemo-nos em oração. Não queiramos seguir caminho não trilhado, pois nos perderemos no melhor da festa[130]. E inovação seria se imaginássemos alcançar estas mercês de Deus por estrada diferente da que Ele e todos os seus santos seguiram. Nem nos passe tal ideia pelo pensamento. Crede-me: sempre hão de andar juntas Marta e Maria para hospedar o Senhor e trazê-lo a todo instante consigo, e não para lhe dar mau tratamento faltando-lhe com a comida. Como lhe daria a refeição Maria, sempre assentada a seus pés, se sua irmã a não ajudasse? O manjar para o Senhor é que, por todos os modos ao nosso alcance, ganhemos almas que se salvem e o louvem por toda a eternidade.

13. Dir-me-eis duas coisas: uma é que, segundo o próprio Senhor afirmou, Maria escolheu a melhor parte. É que já tinha feito o ofício de Marta quando regalou o Senhor ao lavar-lhe os pés e enxugá-los com seus cabelos[131]. E pensais que terá sido pouca mortificação, a uma senhora de sua qualidade, ir pelas ruas afora – talvez sozinha, porquanto seu fervor não lhe permitia notá-lo –, e entrar onde nunca tinha pisado, e sofrer,

---

129. Cf. 1Rs 19,10.
130. No original: *Al mejor tiempo*.
131. Lc 7,37-38.

em seguida, as murmurações dos fariseus e outros diversos vexames que deve ter encontrado? O fato de uma mulher como ela fazer tal mudança, quanto não terá dado que falar ao povo, gente tão má, como o sabemos? Bastava a amizade que tinha ao Senhor, tão aborrecido por todos eles, para apregoarem a sua vida passada, a dizer que pretendia agora ser tida por santa; pois claro está que logo mudaria de vestido e de tudo o mais. Se ainda agora se fala assim de pessoas menos conhecidas, que seria então? Eu vos digo, irmãs, que, se recebeu a melhor parte, foi depois de muitos trabalhos e tribulações. Ainda que não fora senão o ver tão odiado a seu Mestre, já seria intolerável trabalho. E que dizer dos muitos tormentos que passou depois, na morte do Senhor? Tenho para mim que a razão de não ter recebido o martírio foi porque já o tinha passado ao ver morrer seu Mestre. E os anos que ainda viveu devem ter sido de terrível suplício, por dele estar apartada. Por aqui se verá que não viveu sempre com os regalos da contemplação aos pés do Senhor.

14. A outra objeção é que não podeis nem tendes meios para ganhar almas a Deus: de boa vontade o faríeis, mas, por não caber a vós o ensinar e pregar a exemplo dos apóstolos, não sabeis como agir. A isto já respondi por escrito mais de uma vez, e, quiçá, ainda neste Castelo[132]. Como, porém, creio, é dúvida que vos assoma ao pensamento por entre os grandes desejos que vos dá o Senhor, não deixarei de repeti-lo aqui. Já vos disse alhures: algumas vezes nos inspira o demônio desejos magnânimos para que deixemos de lado as ocasiões atuais de servir a Nosso Senhor em obras realizáveis e fiquemos contentes por haver desejado outras impossíveis de executar. Muito fareis com a vossa oração; mas já digo isto. Só vos digo uma coisa: não queirais fazer bem a todo o mundo, contentai-vos de fazê-lo às que estão em vossa companhia; e, deste modo, será

---

132. Cf. *Caminho de perfeição*, cap. 1 e 3. *Conceitos do amor de Deus*, cap. 2 e 7.

tanto maior a obra quanto mais rigorosa é a obrigação. Julgais pequeno o lucro se praticardes em tanto extremo a humildade, a mortificação, a diligência em servir às outras – uma grande caridade para com as vossas irmãs –, bem como tal amor de Deus que, com esse fogo, abraseis a todas, e, com as demais virtudes, sempre lhes sirvais de estímulo? Não é pequeno, senão imenso, e muito agradável serviço ao Senhor; e, ao ver Sua Majestade que fazeis as obras ao vosso alcance, entenderá que muito mais faríeis se pudésseis, e assim vos dará o prêmio como se lhe tivésseis ganho muitas almas.

15. Direis que isto não é converter, porquanto todas aqui são boas. Que tendes com isso? Quanto melhores forem, tanto mais agradáveis serão ao Senhor os seus louvores, e tanto mais serão proveitosas aos próximos as suas orações.

Enfim, irmãs minhas, concluo com este pensamento: não façamos torres sem alicerces, pois o Senhor não olha tanto a grandeza das obras, e sim o amor com que são feitas. Se executarmos o que está a nosso alcance, fará Sua Majestade com que possamos cada dia mais e mais. Não nos cansemos logo. No breve tempo desta vida – que talvez dure menos do que pensa cada uma de vós –, ofereçamos interior e exteriormente ao Senhor o sacrifício que estiver em nossas mãos. E Sua Majestade o juntará com a oblação que de si mesmo fez ao Pai na cruz, por todos nós, a fim de lhe dar valia de acordo com o que houvermos merecido pelo nosso amor, embora pequenas sejam as obras.

16. Praza a Sua Majestade, irmãs e filhas minhas, nos vejamos todas no seu Reino, no qual sempre louvaremos-lhe, e a mim me dê graça para fazer um pouco do que vos digo. Isto lhe suplico pelos méritos de seu Filho, que vive e reina para sempre. Amém. Asseguro-vos que escrevo com demasiada confusão, e assim vos rogo, pelo mesmo Senhor, não vos esqueçais desta pobre miserável em vossas orações.

JHS

1. Quando comecei a escrever isto que vai aqui, foi com muita contradição, como disse no princípio; mas agora, depois de acabado, sinto grande contentamento e dou por bem empregado o trabalho, o qual, confesso, foi bem pouco. A considerar-se a demasiada clausura e as poucas ocasiões de distração que tendes, minhas irmãs, em vossos mosteiros, com falta de terreno suficiente em alguns deles, parece-me que achareis consolo em deleitar-vos neste castelo interior, onde, sem licença das superioras, podeis entrar e passear a qualquer hora.

2. Verdade é que nem em todas as moradas lograreis entrar por vossas forças – embora imagineis que as tendes grandes – se o próprio Senhor do castelo não vos introduzir. Por isso, tomai meu aviso: se achardes do Soberano qualquer resistência, não insistais, porquanto o desgostareis, de maneira que nunca vos deixará nelas entrar. É muito amigo de humildade. Se vos tiverdes por indignas de merecer o ingresso ainda nas terceiras moradas, mais depressa lhe movereis a vontade para vos admitir às quintas; e de tal modo podereis servi-lo, e continuar a frequentá-las muitas vezes, que vos introduza na mesma morada que para si reservou. Depois de aí admitidas, não a deixeis mais, a não ser a chamado da priora, cuja vontade quer tanto este grande Senhor que cumprais, como a sua própria.

E ainda que vos demoreis fora muito tempo por seu mandado, sempre quando tornardes achareis aberta a porta. Uma vez acostumadas a gozar deste castelo, em todas as coisas achareis descanso, até nas mais penosas, pela esperança de lá tornardes, o que ninguém vos pode impedir.

3. Conquanto não se trate aqui senão de sete moradas, em cada uma destas há muitas outras – por baixo, no alto, dos lados, com lindos jardins e fontes e outras belezas tão deleitosas – de modo que desejareis desfazer-vos em louvores do grande Deus que vos criou à sua imagem e semelhança. Se na ordem que segui para vos dar notícia deste Senhor achardes algum bem, crede em verdade que foi dito por Sua Majestade para vos servir de consolo; quanto ao mal que houver, é todo meu.

4. Pelo imenso desejo de vos ajudar de algum modo a servir a este meu Deus e Senhor, rogo-vos que, em meu nome, cada vez que isto lerdes, louveis muito à Sua Majestade e lhe peçais o aumento de sua Igreja, e luz para os luteranos. Para mim, suplicai-lhe que me perdoe meus pecados e me tire do purgatório, onde quiçá estarei, pela misericórdia de Deus, quando vos derem a ler isto, se, depois de examinado por letrados, for julgado apto a ser lido. Se houver algum erro, será por falta-me ciência. Em tudo me sujeito ao que professa a Santa Igreja Católica Romana, em cuja fé vivo, e protesto, e prometo viver e morrer.

Seja Deus Nosso Senhor para sempre louvado e bendito. Amém, amém.

5. Acabou-se de escrever isto no mosteiro de São José de Ávila, na vigília de Santo André [29 de novembro] do ano de 1577, para glória de Deus, que vive e reina para sempre. Amém.

Apêndices

APÊNDICE 1
RELAÇÃO 24[133]

Ao orar certa vez, mostrou-me o Senhor, por extraordinário modo, em visão intelectual, o estado de uma alma na graça de Deus. Vi nela, em espírito, a Santíssima Trindade, de cuja companhia lhe vinha um poder que a tornava senhora de toda a terra. Foi-me dada a compreensão destas palavras do Cântico: *Veniat dilectus meus in hortum suum, et comedat (fructum pomorum suorum)*[134].

Mostrou-se-me também o estado de uma alma em pecado mortal: destituída de todo poder, semelhante a uma pessoa atada e presa por inteiro, tapados os olhos, incapaz de ver, andar e ouvir, mesmo que o quisesse, e em grande escuridão. Tanta lástima senti das almas que assim estão, que me parece leve qualquer trabalho para livrar ainda uma única. Pensei que, ao entender isto como eu o vi, seria impossível alguém deliberar-se a perder tão bem e sujeitar-se a tão mal.

---

133. As relações de Santa Teresa, que totalizam sessenta e uma, estão publicadas na íntegra no tomo 5.
134. Que entre o meu amado em seu jardim para comer dos frutos deliciosos! (Ct 4,16).

APÊNDICE 2
RELAÇÃO 51

Tendo-me acontecido tratar, certo dia, com uma pessoa que muito havia deixado por Deus, pus-me a pensar que eu nunca deixara nada por Ele nem lhe prestara serviço algum, apesar de lhe estar tão obrigada; e, ao considerar as numerosas mercês concedidas à minha alma, comecei a afligir-me muito. Disse-me então o Senhor: "Bem sabes os desposórios que há entre mim e ti; em consequência deles, tudo quanto é meu é teu, e, assim, entrego-te todos os meus trabalhos e dores para que em tuas petições possas oferecê-los a meu Pai como teus próprios". Embora eu já tivesse ouvido dizer que somos participantes dos merecimentos de Cristo, desde então o compreendi doutra maneira. Pareceu-me ter ficado com grande senhorio, porquanto a amizade com que esta mercê me foi feita não se pode exprimir. Senti que o Padre havia por bem admitir tal entrega, e, desde que recebi esta graça, olho de modo muito diverso o que padeceu o Senhor; tenho-o por coisa própria, minha, o que me dá grande alento.

APÊNDICE 3
RELAÇÃO 15

Passei todo o dia de ontem em grande soledade interior. A não ser na hora em que comunguei, nenhum efeito produziu em mim a Páscoa da Ressurreição. À noite, enquanto estávamos todas juntas no recreio, cantaram uns versinhos, encarecendo quão duro é viver longe de Deus. Como eu já estava com aquela mágoa, fez tal operação em meu espírito o canto que as mãos se me começaram a entorpecer, e, sem poder resistir, minha alma, assim como sai de si pelos arroubamentos de gozo, do mesmo modo se suspendeu pela imensa dor e ficou alheia a tudo. Até o dia de hoje não havia eu compreendido este mistério, e mesmo me parecia não ter, de uns tempos para cá, tão fortes ímpetos como costumava. Agora vejo que a causa é a referida; não sei se pode ser. É que antes a mágoa não chegava a ponto de me fazer sair de mim, e, como era tão intolerável e eu estava em meus sentidos, constrangia-me a dar grandes gritos sem que eu o pudesse escusar. Agora, como cresceu tanto, chegou a estes termos de traspassamento e entendo melhor a transfixão de Nossa Senhora, que até agora, repito, não me fora dado entender. Ficou-me tão quebrantado o corpo que ainda hoje me é deveras custoso escrever; pois tenho as mãos doloridas e como desconjuntadas. Quando Vossa Mercê vier ver-me, dir-me-á se pode haver esse arroubamento de dor, e se estou ou não enganada quanto a ser real o que sinto.

Nota: Foi no mosteiro de Salamanca, em 1571, que Santa Teresa recebeu este glorioso traspassamento ao ouvir cantar irmã Isabel de Jesus, ainda noviça, estas sentidas coplas, das quais damos o original e a tradução:

APÊNDICE 4
RELAÇÃO 35

Na oitava de São Martinho, estando eu no segundo ano do meu priorado no Mosteiro da Encarnação[135], ao aproximar-me para comungar, vi o Padre Frei João da Cruz, que me ia administrar o Santíssimo Sacramento, partir a Sagrada Hóstia e dar metade dela a outra irmã. Pensei que não era por falta de partículas, e sim por me querer mortificar, em razão de lhe ter eu dito que gostava de hóstias grandes. Bem sei, aliás, que isto não tem importância, pois está o Senhor todo inteiro até no menor fragmento. Disse-me Sua Majestade: "Não temas, filha, que alguém te possa jamais apartar de mim". Quis com estas palavras dar-me a compreender que, com efeito, não importava[136]. Logo se representou a mim, como de outras vezes, por visão imaginária, de modo deveras interior, e, dando-me a mão direita, disse: "Olha este cravo: é sinal de que serás desde hoje minha esposa. Até agora não o tinhas merecido; daqui em diante zelarás por minha honra, não só por ser eu teu Criador, teu Rei e teu Deus, senão como verdadeira esposa minha. Já minha honra é tua, e a tua minha". Foram tais os efeitos desta graça, que fiquei fora de mim. Sentia-me, depois dela, como desatinada, e dizia ao Senhor que ou medrasse minha baixeza ou não me tratasse com tanto favor, pois, em verdade, não me parecia poder meu natural resistir a tais extremos. Estive assim, demasiado embevecida, durante todo o dia. Tenho experimentado grande proveito, de então para cá, e maior confusão e pesar ao ver como nada faço pelo Senhor em reconhecimento de tão inefáveis mercês.

---

135. Em novembro de 1572.
136. Isto é, quanto à sua Presença real, não importa a fração da Hóstia.

Véante mis ojos,	Vejam-te meus olhos,
Dulce Jesus bueno.	Doce e bom Senhor.
Véante mis ojos,	Vejam-te meus olhos,
Muérame yo luego.	E morra eu de amor.
Vea quien quisere	Olhe quem quiser,
Rosas y jazmines,	Rosas e jasmins,
Que si yo te viere	Que eu, com a tua vista,
Veré mil jardines.	Verei mil jardins.
Flor de serafines,	Flor de serafins,
Jesús Nazareno,	Jesus Nazareno,
Véante mis ojos,	Vejam-te meus olhos,
Muérame yo luego.	E morra eu sereno.
Véome cautivo	Sem tal companhia
Sin tal compañía	Vejo-me cativo
Muerte es la que vivo	Sem ti, vida minha,
Sin vos, vida mia.	É morte o que eu vivo.
¿Cuando vendrá el dia	Este meu desterro,
Que alcéis mi destierro?	Quando terá fim?
Véante mis ojos	Vejam-te meus olhos
Muérame yo luego.	E morra eu, enfim.
No quiero contento,	Prazeres não quero
Mi Jesús ausente,	Meu Jesus ausente,
Que todo es tormento	Que tudo é suplício
A quien esto siente.	A quem tanto o sente.
Solo me sustente	O amor e o desejo
Tu amor y deseo.	Me deem força e luz.
Véante mis ojos,	Vejam-te meus olhos,
Dulce Jesús bueno.	Doce e bom Jesus.
Véante mis ojos,	Vejam-te meus olhos,
Dulce Jesús Bueno.	Doce e bom Senhor.
Véante mis ojos,	Vejam-te meus olhos,
Muérame yo luego.	E morra eu de amor.

Conecte-se conosco:

f facebook.com/editoravozes

⌾ @editoravozes

𝕏 @editora_vozes

▶ youtube.com/editoravozes

☎ +55 24 2233-9033

www.vozes.com.br

Conheça nossas lojas:

www.livrariavozes.com.br

Belo Horizonte – Brasília – Campinas – Cuiabá – Curitiba
Fortaleza – Juiz de Fora – Petrópolis – Recife – São Paulo

EDITORA VOZES LTDA.
Rua Frei Luís, 100 – Centro – Cep 25689-900 – Petrópolis, RJ
Tel.: (24) 2233-9000 – E-mail: vendas@vozes.com.br